HISTOIRE ET MEMOIRE DES CAMPS DES REFUGIES DE KITALI ET LUKORE EN TANZANIE

APOLLINAIRE NDAYISENGA

HISTOIRE ET MEMOIRE DES CAMPS DES REFUGIES DE KITALI ET LUKORE EN TANZANIE

GALDA VERLAG 2021

DEDICACES

A mes chers parents

A ma chère épouse

A mon enseignant de l'E.P. Ndava (en commune Giteranyi) Gaspard Nduwimana qui m'accoutumaà des lectures à domicile.

A mes enseignants au Petit Séminaire Saint Pie X de Muyinga.

A mes professeurs de l'Université du Burundi au Département d'Histoire, qui m'ont encouragé à développer cet art d'écriture.

A mes 5 confrères de la CVR avec qui nous avons partagé deux ans de recherche documentaire sur l'histoire du conflit burundais.

A tout le peuple burundais ayant souffert du golghotha du conflit burundais.

Bibliografische Information der Deutschen Nationalbibliothek
Die Deutsche Nationalbibliothek verzeichnet diese Publikation in der Deutschen
Nationalbibliografie; detaillierte bibliografische Daten sind im Internet über
http://dnb.ddb.de abrufbar.

ISBN 978-3-96203-177-0 (Print)
ISBN 978-39-6203-178-7 (Ebook)

REMERCIEMENTS

Ce livre est l'aboutissement des efforts de plusieurs personnes physiques. Puis-je remercier collectivement ou nommément ceux qui ont participé à l'accomplissement de ce travail plein de labyrinthes. Je pense de prime abord aux anciens réfugiés qui ont aisément consacré leur temps à répondre à mes simples questions de mon guide. Qu'ils ressentent l'expression de mes sincères remerciements.

Ma profonde gratitude s'adresse à l'endroit de certaines personnes qui n'ont ménagé aucun effort pour m'encourager à chaque étape franchie. Je ne saurais les énumérer toutes ici mais qu'elles sachent que leur apport n'a pas été oublié.

J'adresse mes profonds remerciements aux personnes qui, malgré leurs préoccupations quotidiennes, ont accepté de lire mon travail. Je tiens à cœur Dr Alfred Burimaso, Monsieur Jean Mapinduzi. De par leurs commentaires et critiques, ils ont beaucoup contribué à la forme du présent travail.

SIGLES ET ABREVIATIONS

CARE	: Care for Environment
CNDD-FDD	: Conseil National pour le Défense de la Démocratie-Forces de Défense de la Démocratie
FAB	: Forces Armées du Burundi
FNL-PALIPEHUTU	: Parti pour la Libération du Peuple Hutu-Forces Nationales de Libération
FRODEBU	: Front pour la Démocratie au Burundi
HCR	: Agence des Nations Unies pour les Réfugiés
JICA	: Agence Japonaise de Coopération Internationale
JRR	: Jeunes Révolutionnaires Rwagasore
NPIA	: Norwegian People's Aid
OAG	: Observatoire de l'Action Gouvernementale
ONG	: Organisation Non Gouvernementale
RDC	: République Démocratique du Congo
REDESO	: Relief to Development Society
UNHCR	: Haut-Commissariat des Nations Unies pour les Réfugiés

POURQUOI J'ECRIS ?

Un devoir de mémoire ! Seule mon âme me met dans l'obligation d'écrire. Il s'agit d'une histoire d'une quinzaine d'années de la vie de plusieurs milliers de Burundais qui doit ne pas tomber dans les oubliettes. En pensant à ce travail, je voulais lutter contre l'oubli, pour reprendre les mots de Paul Ricœur, dimension de la condition historique des humains que nous sommes. Plus les années avancent, plus des générations passent ; les témoins directs des événements disparaissent. Il fallait donc reconstruire cet événement avant qu'il ne subisse beaucoup de modification de fond.

Aussi, l'esprit civique oblige ! C'est un moyen de contribuer à l'écriture de l'histoire du Burundi en général et l'histoire du conflit burundais en particulier. L'événement décrit ici, même s'il se déroule, dans sa grande partie, au-delà de la frontière burundaise, dans le pays de Mwalimu Julius Nyerere, n'est pas extra-burundais. Il s'agit d'une histoire socio-politique du peuple burundais. Mais en même temps d'une histoire de migration avec toutes les conséquences que cela pourrait entraîner. De ces conséquences retenons d'entrée de jeu les éléments des relations internationales. Enfin, par le présent travail, les générations présentes et futures sauront la vie de leurs aïeux.

LISTE DES PHOTOS

Photo 1 : Les civils fuyant les massacres en 1993 :
        https://fr.wikipedia.org/   13

Photo 2 : Robinet public   20

Photo 3 : Carte pour accès aux vivres du HCR   25

Photo 4 : Huile de coton   26

Photo 5 : Arbres d'amanazi   30

Photo 6 : Fruits d'Amanazi rassemblés sur une corbeille   31

Photo 7 : Bois de chauffage   36

Photo 8 : Camions de l'UNHCR transportant des réfugiés :
        https://www.unhcr.org/fr   51

Photo 9 : Village du camp des réfugiés   60

Photo 10 : Pancarte indiquant le marché   62

TABLE DES MATIERES

Dedicaces   *v*
Remerciements   *vii*
Sigles et Abreviations   *ix*
Pourquoi J'ecris ?   *xi*
Liste des Photos   *xiii*

INTRODUCTION GENERALE   1

1   UNE LONGUE MARCHE VERS LE CAMP DE REFUGIES   5

I.1. Eclaircissement des concepts : réfugiés, migrants, rapatriés...........6

I.2. Contexte historique des mouvements des réfugiés au Burundi 8

I.3. Une décision difficile : abandon de tout 10

I.4. Quand on marche sans savoir la destination 13

2   INSTALLATION DES REFUGIES DANS LES PREMIERS JOURS   15

II.1. De la nature vers la modernité ?...15

II.2. Les premières tentes offertes par le HCR 16

II.3. Manque criant d'hygiène...17

3 ADAPTATION DANS UN MILIEU NOUVEAU 21

III.1. La ration alimentaire offerte par les Humanitaires 21

III.2. Les réfugiés à la recherche d'un supplément de nourriture 27

III.3. Difficile accès au bois de chauffage.................................... 31

4 ADAPTATION DANS UN MILIEU NOUVEAU 39

IV.1. Débuts de l'enseignement dans les camps 39

IV.2. Le culte : un Dieu omniprésent 45

IV.3. La vie culturelle 46

5 REFUGIE : VERS LE RETOUR AU PAYS NATAL 51

V.1. Retour au pays : une psychose de peur liée à une mémoire blessée 52

V.2. Regagner le pays avant la signature des accords d'Arusha : être appelé « umuroberi » 54

6 IMPACT SOCIO-ECONOMIQUE DE LA VIE DES CAMPS SUR LE BURUNDI 57

VI.1. Le Burundi vu à l'image d'un village 57

VI.2. Essor d'un sentiment de vivre en village........................ 58

VI.3. Développement de certaines pratiques : boissons et nourritures.. 60

VI.4. Une occasion malheureuse d'échange de connaissances et de savoir-faire 63

VI.4.1. Echanges entre les réfugiés burundais eux-mêmes.................. 63

VI.4.2. Echanges entre réfugiés Burundais, les réfugiés rwandais et Tanzaniens 64

7 LES MEMOIRES DES REFUGIES 67

VII.1. Mémoires des simples paysans 67

VII.4. Mémoires des enfants nés ou grandis dans les camps............... 68

Conclusion Generale 71

Bibliographie 73

Biographie 75

Photo de Couverture 75

INTRODUCTION GENERALE

Depuis la période antique, il y a eu des déplacements des populations en Europe. Même, en Afrique, on parle de mouvements de population dans les temps lointains. Les migrations plus anciennes nous sont connues par des sources partielles et souvent partiales complétées par l'archéologie, la linguistique ou la génétique. En Afrique, un des cas les plus parlants, c'est l'hypothèse des mouvements du peuple bantu. Et à chaque rencontre de ces populations, des pratiques ou civilisations (langues, croyances, objets d'usage courant, …) d'immigrants et d'autochtones s'homogénéisaient. Ainsi, lorsque deux groupes distincts se rencontrent, cela laisse présager qu'il y ait un échange presque dans tous les domaines. D'un côté, l'un abandonne certaines habitudes et l'autre acquiert de nouvelles et vice versa[1].

Pour ce qui nous concerne, nous étudions un cas d'une migration forcée. Cette dernière résulte des hostilités qui prévalaient au Burundi depuis 1993. Ainsi, comme partout en Afrique, selon Pascal Chaigneau, la gravité des guerres ne se mesure pas au seul nombre des morts qu'elles génèrent, mais aussi à celui des déplacements de population qu'elles entraînent[2]. Dans ce pays situé au cœur de l'Afrique, depuis l'indépendance, le conflit politico-ethnique entre lesHutu et les Tutsi a produit un grand nombre des réfugiés. Certaines dates ont marqué l'histoire de ce conflit : 1965, 1972, 1991, 1993 jusqu'en 2008, date de signature de l'Accord cessez-le-feu par le FNL-PALIPEHUTU. Ici,

---

[1]KIZITO, D., *Les mouvements migratoires et leurs incidences sur l'évolution socio-économique de la commune Giteranyi : de 1982à 2006*, mémoire, UB, Bujumbura, 2008, p. 4

[2]PASCAL, C., « Pour une typologie des conflits africains » dans Danielle D-C. et Antoine C., *Des conflits en mutation ? De la guerre froide aux nouveaux conflits*, Editions Complexes, Bruxelles, 2003, p.191

nous nous intéressons sur la crise communément appelée « crise de 1993 ».

L'an 1993 correspond d'abord aux premières élections démocratiques depuis l'indépendance du Burundi en 1962. Ces élections de juin 1993, remportées par le Frodebu, ont porté au pouvoir le président hutu Melchior Ndadaye. Cette victoire consacra la cristallisation du conflit ethnique entre les Hutu et Les Tutsi. Chez les Hutu, la mémoire non gérée des massacres de 1972 restait vive. Et les Tutsi acceptait avec amertume la victoire qui avait portait un Hutu à la Magistrature Suprême. Le coup d'Etat de l'armée le 21 octobre 1993 marque le début de cette crise. Le président Ndadaye et plusieurs membres du gouvernement sont assassinés. Ainsi, éclate la guerre civile dont les principaux acteurs seront l'armée du Gouvernement FAB, le FNL-PALIPEHUTU et le CNDD-FDD. Cette crise a duré une quinzaine d'année, c'est-à-dire jusqu'en 2008, date où le dernier mouvement rebelle, FNL-PALIPEHUTU, signe un accord de cessez-le-feu. Cette période fatidique a été à l'origine d'un grand flux des réfugiés dans la région des grands lacs (qualifiée à tort ou à raison une région de « tourbillon de feu ») et surtout vers la Tanzanie. Le présent travail s'intéresse donc aux deux camps des réfugiés situés en Tanzanie. Le premier camp des réfugiés est Rukore-Rumasi[3] de la province Kagera vers fin 1993. Le second est Kitali[4] situé dans la province de Biharamuro en 1995.

Ce travail se veut une sorte de témoignage. Il est le résultat d'une confrontation des plusieurs témoins, acteurs clés de la vie des camps de réfugiés. Mais également, l'auteur de ce livre est lui-même contemporain de cette réalité bien qu'il n'avait pas encore atteint la maturité. Mais, qu'à cela ne tienne, malgré notre minorité, en pensant aux premières lignes de ce travail, nous avions quelques intuitions. C'est d'ailleurs cela qui nous a permis d'orienter notre sujet. Les bribes de souvenirs de l'auteur ont constitué donc un socle ultime de ce raisonnement. Ces idées préconçues seront enrichies alors par des témoignages et le peu de documents écrits existants.

Pour choisir ces témoins, certains critères ont été pris en compte : avoir vécu dans l'un deux camps, avoir un âge permettant un certain discernement. Au cours de ce travail, nous insisterons non seulement sur le vécu des réfugiés dans les camps mais aussi sur l'intersection des pratiques socio-culturelles naissant à la rencontre des peuples. En même temps nous examinons si la vie actuelle des Burundais trouverait un certain sens dans une vie dure menée dans les camps des réfugiés.

---

[3]Quelque part, vous verrez qu'on parle de Lukole A et Lukore B.
[4]Les Burundais parlent de Gitare.

Du point de vu méthodologique, notre thème porte un grand défi de manque ou de rareté criante de sources écrites. Certes, les traces des camps de réfugiés étant rares, les historiens et anthropologues ont l'obligation de faire recours aux témoignages écrits et oraux des migrants. Mais malgré cette rareté de sources écrites, l'auteur se sert de quelques écrits existants pour enrichir et faire certaines analyses. Cela étant, les témoignages oraux primeront sur toute autre sorte de sources. Nous aurons à auditionner toute personne ayant vécu aucamp, etsupposée être détentrice des informations, minimes soient-elles. Ce choix d'informateurs a enrichi notre travail. En effet, à la fin du travail, nous avons un « Témoignage » plus ou moins inclusif et équilibré. Donc, chacun y trouvera sa place : enfant, adulte ; fille et garçon ; homme et femme, etc. Ainsi donc, cela pourrait conduire notre travail à devenir une mémoire de cette grande collectivité ayant vécu dans les camps ;et une information pour ceux qui n'ont pas fréquenté les camps des réfugiés, notre milieu d'étude.

Le sujet est donc intéressant dans la mesure où l'auteur décrit une vie de plusieurs milliers de populations qui reste toujours d'actualité. Au cours de la lecture de ce travail, chaque lecteur aura à remarquer jusqu'à quel degré cette vie aurait été dure. Aucuns constateront que certaines scènes décrites étaient tellement macabres. C'est d'ailleurs cela qui fait que cette période, selon la perception humaine, semble avoir été plus longue que l'on ne pourrait l'imaginer. C'est surtout cette longévité du temps qui a constitué notre première motivation. Dans la plupart des cas, le temps s'allonge ou se raccourcit selon les préoccupations de l'homme ou les circonstances dans lesquelles il vit. Ici, nous ne sommes pas loin de la théorie d'Albert Einstein de la relativité[5] du temps.

Quant à la délimitation spatio-temporelle, nous nous intéressons aux camps de réfugiés de Kitali surtout dans les années 1995 avant que les réfugiés de ce camp ne soient transférés au camp de Lukore-Rumasi vers 1996. Nous ne pourrons pas passer sous silence la situation qui prévalait dans ce dernier camp qui daterait de 1993 début de guerre civil. D'où, la borne inférieure qui est 1993. Mais c'est l'année 1995 qui correspond à l'afflux massif des réfugiés en Tanzanie après une petite « période d'accalmie apparente » (1994) à l'intérieur du Burundi. Toutefois, Bujumbura-Mairie faisait exception, car, à cette période, la Mairie fut meurtrie par des opérations dites «opérations villes mortes » et « opérations de désarmements » et assassinats divers. Ces opérations ont eu

---

[5]Cette même théorie se rencontre dans le Coran et dans la Bible. Et d'ailleurs, elle traduit l'état de l'esprit de l'homme.

pour conséquences, les purifications des quartiers[6]. Rappelons aussi que l'année 1994 coïncide avec l'arrivée au Burundi, mais contre leur gré, des réfugiés burundais du Rwanda suite au génocide perpétré contre les Tutsi. Ceux-ci prendront fuite encore une fois en 1995. Tandis que l'année 2008, qui est la borne supérieure, correspond à la signature du Cessez-le-feu par le dernier mouvement rebelle. Mais, la politique de rapatriement et la réinstallation des réfugiés a débuté longtemps avant 2008[7].

---

[6]Désormais, il y a des quartiers hutu et des quartiers tutsi. Là aussi, le quartier Buyenzi fait une autre exception était donné qu'il est habité par des étrangers en majorité. Selon Chritine Deslaurier, à l'origine de la naissance de la ville de Bujumbura, les habitants des quartiers de Bwiza et de Buyenzi ne se considéraient pas comme des sujets burundais. On leur rappelait d'ailleurs qu'ils habitaient des « Centres extra-coutumiers ».

[7]L'auteur a regagné le pays en 1997. Il fait allusion à la manière dont il fut accueilli avec des vivres et les matériels ménagers courants. A cette période, les esprits étaient encore tendus mais en province de Muyinga, sa province d'origine, il n'y avait plus d'hostilités manifestes.

1

UNE LONGUE MARCHE VERS LE CAMP DE REFUGIES

Certains chercheurs disent que l'Afrique subsaharienne serait une terre de mobilité depuis des temps. Cette mobilité se situe surtout à des migrations dites internes à ce sous-continent. Parmi la diversité des migrations internes à l'Afrique, les migrations dites forcées occupent une place de choix. Celles-ci prennent de plus en plus une allure exceptionnelle. Augmentant du jour au jour, elles créent des espaces particuliers qui pourraient intéresser des chercheurs. Par migration forcée, il faut entendre un déplacement collectif qui survient dans un contexte de crise, violence politique le plus souvent, mais aussi famine et épidémie, catastrophe ou destruction environnementale ou encore, intervention coercitive des Etats à des fins d'aménagement du territoire[8].

Ce chapitre développe toute la situation quotidienne des réfugiés au cours de leur déplacement vers les camps des réfugiés. Plus particulièrement, il insiste, à travers une étude de cas, sur des réfugiés burundais, vers la Tanzanie à partir 1993. Ces mouvements allaient s'accentuer en 1995. Cette année correspond à l'intensification des affrontements entre les FAB et la rébellion qui venaient de s'organiser et qui, petit à petit, prenait une certaine allure. Ainsi, plusieurs Burundais décident de quitter le pays.

---

[8]Véronique Lassailly-Jacob, *Réflexions autour des migrations forcées en Afrique sub-saharienne* in Céline Yolande Koffie-Bikpo (dir.), « Perspectives de la géographie en Afrique sub-saharienne », Universitaires Européenne, Abidjan/Côte d'Ivoire, 2012, p. 1 disponible sur https://halshs. archives-ouvertes.fr/halshs-00686897/file/LASSAILLY-JACOB_2009_reflexions_autour_des_migrations_forcees consulté le 18/08/2018 à 17h20

I.1. Eclaircissement des concepts : réfugiés, migrants, rapatriés

Selon le point de vue du HCR[9], « *les deux termes (premiers) sont distincts et les confondre pose des problèmes à ces trois groupes de populations. Les* **réfugiés** *sont des personnes qui fuient des conflits armés ou persécution. Leur situation est périlleuse et intolérable au point qu'ils traversent des frontières nationales afin de trouver la sécurité dans des pays voisins. On les identifie clairement car il est dangereux pour eux de retourner dans leur pays et qu'ils ont besoin d'un refuge ailleurs.*

Le terme réfugié est régi par la législation internationale et les réfugiés sont protégés par cette dernière. La convention de 1951 dite convention de Genève relative aux réfugiés et son protocole de 1967 ainsi que d'autres textes juridiques, comme la convention de l'OUA de 1969 sur les réfugiés, demeurent actuellement les pierres angulaires de la protection des réfugiés. Les principes juridiques de ces documents énoncés ont été à d'innombrables pratiques autres législations et pratiques internationales, régionales et nationales. La convention de 1951 définit ce qu'un réfugié et rappelle les droits fondamentaux que les Etats devraient leur garantir. L'un des principes essentiels énoncés par la loi internationale est celui voulant que les réfugiés ne doivent pas être expulsés ni renvoyés vers une situation où leur vie et leur liberté seraient menacées.

La protection des réfugiés revêt de nombreux aspects. Ceux-ci comprennent l'assurance de ne pas être renvoyé chez eux face aux dangers qu'ils ont fuis ; l'accès à des procédure d'asile justes et efficaces ; et des mesures visant à assurer que leurs droits fondamentaux sont respectés afin de leur permettre de vivre dans la dignité et la sécurité tout en les aidant à trouver une solution à long terme. Les Etats assument la responsabilité principale de cette protection. Par conséquent, le HCR collabore étroitement avec les gouvernements afin de les conseiller et de les appuyer s'il y a lieu pour assumer leurs responsabilités.

Les **migrants** *choisissent de quitter leur pays non pas en raison d'une menace directe de persécution ou de mort, mais surtout afin d'améliorer leur vie en trouvant du travail, et dans certains cas, pour des motifs d'éducation, de regroupement familial ou pour d'autres raisons. Contrairement aux réfugiés qui ne peuvent retourner à la maison en toute sécurité, les migrants ne font pas*

---

[9]Par Adrian Edwards, *Point de vue du HCR : « Réfugié » ou « migrant »-Quel est le mot juste ?* sur https://www.unhcr.org/fr/news/stories/2016/7/55e45d87c/point-vue-hcr-refugie-migrant-mot-juste.html consulté le 28 juin 2019 à 17h 11minutes

face à de tels obstacles en cas de retour. S'ils choisissent de rentrer chez eux, ils continueront de recevoir la protection de leur gouvernement.

Pour les gouvernements, cette distinction est importante. Les pays gèrent les migrants en vertu de leurs propres lois et procédures en matière d'immigration. Les pays gèrent les réfugiés en vertu des normes sur la protection des réfugiés et de l'asile aux réfugiés qui sont définies dans les lois nationales et les lois internationales ». Rappelons qu'à partir du moment où le réfugié décide, librement ou sous contrainte, de regagner son pays, il devient un rapatrié.

Cette étape de la conceptualisation des mots réfugiés et migrants nous a introduit dans le « à qui incombe la charge des réfugiés ». Comme on le voit, la Convention de Genève relative au statut des réfugiés et le Protocole de 1967 ne prévoient pas d'obligations que pour les Etats d'accueil. Ces Etats doivent assumer – avec les réfugiés et les organisations internationales, notamment le Haut-Commissariat des Nations Unies pour les réfugiés (UNHCR) – les coûts liés à ces flux des réfugiés.

Cependant, se basant sur la volonté du droit international visant l'amélioration du statut des réfugiés, certains auteurs se demandent si les Etats provoquant de tels flux peuvent en être tenus responsables[10].

Pour clore, les deux termes ne sont en aucun cas interchangeables. Interchanger les deux termes revient donc à dévier l'application de la protection juridique précise dont les réfugiés ont besoin. Dans la plupart des cas, les droits des réfugiés sont absolument respectés. D'ailleurs permettons-nous de dire que les pays de la région des grands lacs sont habitués à accueillir des réfugiés depuis 1959 avec « la révolution rwandaise ».

On appelle **rapatrié** un citoyen qui se trouvait dans un pays étranger, soit temporairement, soit de manière permanente, et qui est contraint de rentrer dans son pays. Désormais, le pays d'accueil assure sa sécurité qui lui manquait auparavant à la suite d'une catastrophe naturelle, d'une révolte ou d'une guerre, qui ne lui permettaient plus de séjourner dans son pays. Les rapatriés sont une catégorie particulière de « réfugiés » mais leur pays d'accueil est leur patrie, c'est-à-dire le pays dont ils ont la nationalité. Le verbe rapatrier signifie donc ramener dans la patrie, retourner dans son pays d'origine.

---

[10]CZAPLINSKI W. et STURMA P., *La responsabilité des Etats pour les flux de réfugiés qu'ils ont provoqués* in « Annuaire français de droit international », XL, CNRS, Paris, 1994, p. 156

I.2. Contexte historique des mouvements des réfugiés au Burundi

Les Burundais, un peuple d'une même nation. Ce peuple est constitué par des Hutu, des Tutsi et des Twa. Ces 3 catégories de population, qui ne sont, au vrai sens des mots, ni des tribus, ni des races, ni des ethnies, parlent la même langue, le Kirundi, partagent la même culture et le même territoire. Dans cet Etat consolidé longtemps avant la colonisation, les Ganwa constituaient une classe dirigeante. Le Burundi a été un des derniers royaumes africains à être conquis. Il sera colonisé d'abord par les Allemands (1896-1916), puis par les Belges (1916-1962). C'est au cours de cette dernière période que les Belges, dans leur politique de diviser pour régner, rendent ces catégories Hutu, Tutsi, Twa des ethnies antagonistes de par ce qu'on a appelé théorie hamitique. C'est par cette construction ou ethnisation que la manipulation socio-politique de la population du Burundi est devenue facile. Il a fallu donc inventer une sorte d'inégalité qui sera une source de frustration « infinie » des uns ou des autres. Ainsi, la réorganisation administrative opérée suite à la loi de 1925 consacrait l'élimination systématique des Hutu des positions du pouvoir.

Ceci se faisant au profit des Ganwa et des Tutsi. Mais les Ganwa restaient les grands gagnants. Les colonisateurs réservèrent donc pour cette fin la plupart des places dans l'enseignement et par voie de conséquent dans l'administration aux Ganwa et aux Tutsi. Au fur des années, les Hutu se sont retrouvés exclus de toute poste administrative. De 20% du nombre total des chefs en 1929, ils tombent à 7% en 1937 pour être complètement effacés en 1945.

Malgré ces divisions qui venaient d'être encrées dans la société burundaise, pour lutter contre la colonisation, les Hutu et les Tutsi réunis au sein de l'UPRONA se levèrent comme un seul homme. Après, l'indépendance, le conflit ethnique restait toujours latent. Cependant, le refus du Mwami Mwambutsa de nommer un Premier Ministre Hutu après que les « Hutu venaient de gagner » 23 sur 33 sièges dans une élection législative de 1965, a accru le mécontentement. D'où une première tentative de coup d'Etat manqué, tueries de Busangana-Bugarama et la première vague des réfugiés dans les pays voisins. Cette tentative de coup d'Etat fut suivie par l'exécution des élites Hutu. Cette exécution des élites a conduit aussi à la domination du pouvoir par l'armée. Ainsi, le capitaine Michel Micombero abolit la monarchie et instaura la République le 28 novembre 1966. En 1969, un complot connu sous le nom de « plan Nkaka », consacra l'exécution d'un autre groupe d'élite Hutu : en tout 21 hutu dont 19 militaires.

Les années 1970 furent la domination du pouvoir par des Tutsi originaires de Bururi. Le régionalisme s'accrut et devint plus manifeste à travers le conflit de 1971 entre des Tutsi de Bururi et de Muramvya. N'allait-on pas jusqu'à parler des « Bururiers ou des gens de Bururi » pour désigner cette poignée de gens qui commande. La crise de 1972-1973 est un point culminant de l'antagonisme hutu-tutsi. Elle a emporté plusieurs vies humaines surtout en milieu hutu lors des arrestations suivies des exécutions dont l'administration et l'armée avec la complicité des JRR se sont rendus responsables. Cette crise a provoqué une deuxième grande vague de réfugiés hutu dans la région.

On estime entre 100000 et 150000 réfugiés[11]. Sur cette vague allaient s'ajouter d'autres réfugiés à majorité Hutu provenant des provinces de Kirundo et Ngozisuite à la crise de 1988 de Ntega-Marangara[12].

Lors du processus de démocratisation des années 1990, ce sont ces anciens réfugiés hutu qui vont constituer la grande opposition du pouvoir et un concurrent farouche du parti UPRONA, jadis parti unique depuis 1966. La démocratisation sera possible suite aux diverses pressions internes et externes. Ce sont ces pressions qui ont amené la 3ème Réplique à accepter la restauration du multipartisme et l'organisation d'élections démocratiques les 1er et 29 juin 1993, élections tenues dans un environnement politico-ethnique non encore suffisamment déminé[13]. Ces élections ont conduit à la victoire du FRODEBU dominés par des élites grandies dans les camps des réfugiés (au Rwanda surtout) suite aux différentes péripéties en l'occurrence celle de 1972. L'un des projets du « Burundi Nouveau » préconisé par feu présidentMelchior Ndadaye et ses collaborateurs était le rapatriement des réfugiés burundais. Cependant, le putsch du 21 octobre 1993 et l'assassinat du président et de ses proches collaborateurs issus des élections de juin 1993 provoquent un nouveau massacre des populations et de nouveaux flux des réfugiés en Tanzanie, au Rwanda, en RDC, et dans plusieurs autres pays. Rappelons que les réfugiés burundais du Rwanda vont se disperser dans d'autres pays (y compris le

---

[11]Weinstein, W., *Historical Dictionary of Burundi*, Metuchen, NJ : Scarecrow Press, 1976, parle de 100.000 réfugiés ; R. Lemarchand, *Génocide sélectif au Burundi*, p.29, avance l'effectif de 150.000 cité par Observatoire de l'Action Gouvernementale (OAG) dans *Evaluation de la politique sectorielle de rapatriement, de réinsertion et de réhabilitation des sinitrés au Burundi*, rapport définitif de OAG, Bujumbura 2005, p. 33

[12]Lors de cette crise d'autres communes frontalières des communes de Ntega et de Marangara ont été touchées.

[13]NTIBANTUNGANYA S., *Burundi :Démocratie piégée*, Iwacu Europe, ville de publication, 2018, p. 57

Burundi) en 1994 lors du génocide. Une partie de ceux-ci entrent en Tanzanie soit directement, soit en passant par le Burundi, lui-même en trouble. La Tanzanie qui avait accueilli les réfugiés burundais lors des crises antérieurs (comme en 1972) va créer des nouveaux camps pour les réfugiés burundais. Soulignons que contrairement à 1972 où les réfugiés auraient été poursuivis et bombardés dans les camps des réfugiés en Tanzanie, les réfugiés de la guerre de 1993 et les années qui ont suivi vivaient dans un climat plus au moins rassuré.

I.3. Une décision difficile : abandon de tout

Ici, on parle d'une décision difficile car même si on est dans un contexte de crise, on avait investi ici et là. En effet, on est dans un pays où la majorité de la population est cultivateur. C'est une agriculture souvent associée à l'élevage du petit et/ou grand bétail. Ainsi, les champs sont plein de cultures qu'on n'a pas encore récoltées. Les étables ou enclos plein de chèvres, moutons, vaches, etc. Pour les commerçants, leurs biens étaient dans les boutiques ou magasins.

De même, comme dans la vie de tous les jours, dans les maisons, on y trouve des denrées, des ustensiles ménagers et bien d'autres. On n'oublie pas que beaucoup de familles burundaises pratiquent de l'élevage. Tous ces biens devraient être laissés dans un univers anonyme où l'histoire[14] s'écrit désormais à la machette[15], au couteau, au gourdin, au fusil, ... Plus encore, rappelons qu'un grand nombre de cette population n'a pas l'habitude de voyager à de longues distances dépassant par exemple les limites de sa province. Sur ce cas, exceptons quelques aventuriers qui avaient passé des mois ou des années en Ouganda et en Tanzanie à la recherche de l'impôt de capitation avant sa suppression. Aussi, comme tout citoyen, il semble qu'il était délicat d'abandonner sa patrie. On devrait prendre le temps de mûrir cette idée malgré l'imminence du danger.

Dans cet univers de désordre, tous les biens laissés par les réfugiés, prenait qui voulait. Mais la plupart des biens ont été volés par ceux qui n'avaient pas fui le pays. Ces derniers pourraient être regroupé en deux. D'abord, les déplacés vivant le plus souvent aux chefs-lieux des de différentes communes saccageaient les champs, les maisons, boutiques et tout autre avoir des réfugiés.

---

[14]Je paraphrase le titre du livre d'Aloys Kabanda, *Rwanda 1994 : Quand l'histoire s'écrit à la machette*, Grip, 2019

15

Le second groupe est celui des gens qui passaient des jours dans les brousses environnantes de leur voisinage, qui s'approvisionnaient surtout en nourriture soit chez eux, soit chez leurs voisins réfugiés. Cette pratique de pillage des biens des réfugiés est connue en Kirundi sous le nom de « gusagata ». C'est un mot qui a été beaucoup plus en vogue lors de la crise de 1993 et les années qui l'ont suivie surtout. Le mot signifierait d'abord voler des biens abandonnés par ceux qui quittent leurs propriétés pour des raisons de la crise. C'est l'une de sorte de violations commises lors des crises burundaises. En effet, les auteurs de ces actes allaient même jusqu'à la destruction des maisons abandonnées pour prendre des matériaux comme des tôles, des portes, des fenêtres et des autres objets de valeur qui s'y trouvaient. Soulignons au préalable que plusieurs gens ont été tués pour avoir refusé de quitter leurs biens. D'autres ont fui le pays, mais leur conscience n'ayant pas supporté l'abandon de leur biens, ils se sont retournés pour voir si ils pouvaient sauver quelque chose et ils ont été tués. D'autres encore n'ayant pas quitté le pays, pensant rester tout proche de leurs biens, restaient cachés dans les buissons et au bas fond des collines. Là, ils y passaient plusieurs mois. En cas d'accalmie apparente et passagère, ils pouvaient regagner leurs domiciles. Mais cette accalmie ne pouvant pas durer, ils reprenaient le chemin d'exile ou de brousse.

De ceux-ci aussi, certains ont été tués par des militaires et civils tutsi lors des opérations offensives (en Kirundi, à cette époque, on parlait de « kwopera » néologisme du verbe opérer en Français). D'autres parmi ceux-ci pouvaient mourir des maladies liées à des mauvaises conditions de vie dans les buissons ou dans les marais.

Dans la culture burundaise, on avait l'habitude de s'entourer par sa famille. Dans une même propriété foncière, les parents s'entourent de leurs fils. Seules les filles pouvaient se marier en ailleurs. Cependant, la famille élargie pouvait s'agrandir et s'étendre à plusieurs collines ou communes. Mais ici, nous cherchons à insister sur cet entourage familial. Prendre cette décision de quitter le pays signifiait abandonner les leurs car il n'y avait pas consentement pour partir ensemble. Sauf ceux qui étaient intimement liés par une relation familiale ou de voisinage bien serré ; sinon on partait sans se dire au revoir. On pouvait passer une soirée ensemble avec quelqu'un, mais lendemain, on entendait parler qu'il s'est enfui. On ne peut pas ignorer qu'il y avait ceux qui, surpris par une attaque militaire et/ou civil, courraient jusqu'au camp des réfugiés. Aussi, se réfugier signifiait abandonner ses voisins ou l'entourage avec qui on avait tout partagé. On peut dire que c'est en grande partie ce caractère de spontanéité de se sauver qui participe en l'abandon des siens.

Pour rappel, au moment de la crise de 1994 surtout, existaient plusieurs rumeurs vraies ou fausses qui circulaient. Les voisins et les familles prenaient leur temps pour se pencher à ces rumeurs. Pendant cette période, les rumeurs ont fait objet d'un « grand échange » au Burundi. C'est par rumeurs que la fièvre de peur s'accentuer du jour au jour. Avec cet état d'insécurité intérieure et extérieure (car des coups de feu pouvaient se faire entendre), le plus souvent, la première réaction était de passer des nuits blanches dans des brousses ou buissons et dans les marais. C'est d'ailleurs ceci qui fatiguait l'esprit des gens qui avaient résisté à quitter le pays.

Autre chose à souligner, les années 1994 et1995 correspondent en général à ce qu'on a appelé « coup d'Etat rampant » qui continuait et cela depuis 1993. Ainsi, le Burundi s'engageait de plus en plus dans une guerre civile qui progressait de plus en plus. Selon des estimations de la Ligue Iteka, entre 15.000 et 25.000 civils furent tués au cours de l'année 1995, pour la plupart des Hutu tués par les forces armées et les milices tutsi.

Après plusieurs mois de vie de brousse, la vie devenait dégoutante[16]. Nos interlocuteurs reviennent souvent sur la longévité des nuits caractérisées par des coups de feu, des incendies des maisons, de froid et de pluies qu'ils ont passées dans la brousse. Par passer la nuit dans la brousse, il faut entendre, dormir sur/dans l'herbe, à peine, couvert du « blanket » (uburengeti en Kirundi), pourquoi pas un pagne plus léger dans un froid plus intense, de pluies, de moustiques, tout en comptant ou contemplant les étoiles du ciel. Par force, on finissait par devenir astronome. Pire encore, certaines gens avaient assisté impuissamment aux massacres et assassinats des leurs ce qui approfondit cette douleur. La première mémoire des réfugiés est cette vie de traumatisme qu'ils ont menée pendant la crise. Cette mémoire douloureuse est jusqu'aujourd'hui restée gravée dans les souvenirs des anciens réfugiés. On le décèle dans leurs propos quand ils commencent à raconter comment ils ont marché plusieurs kilomètres sans savoir la destination.

---

[16]N. A. Interview fait à Bujumbura le 24/08/2018

Photo 1 : Les civils fuyant les massacres en 1993 : https://fr.wikipedia.org/

Source *: fr.m.wikipedia.org consulté le 15 octobre 2020 à 15h 47 minutes. Les civils fuyants les massacres en 1993 qui marquent le début de la guerre civile burundaise.*

I.4. Quand on marche sans savoir la destination

Pour ce volet, la crise de 1993 et ses prolongements constitue notre objet d'analyse. Il s'agit d'une guerre civile. Les populations s'entretuent d'une part, d'autre part les militaires massacrent la population. En gros, la guerre oppose les Hutu et les Tutsi auxquels il faut ajouter les Twa dont la position reste ambigüe. Au début de la crise, c'était flou car le conflit opposait les « frodebistes aux Upronistes » et vice versa, disait-on. Mais petit à petit, le conflit devient clair. La racine du conflit est ethnique. Le mouvement des réfugiés devient effectif surtout à partir de 1994-1995 avec la naissance et l'organisation des rébellions dont les attaques, les passages ou moindre soupçon de passage/ présence provoquaient la répression sanglante faite par des militaires, parmi la population civile hutu.

Avec des tueries qui se faisaient entendre ici et là, la rumeur devenait omniprésente. Plus les rumeurs s'intensifiaient, plus on sentait que la mort devient de plus en plus imminente. Après plusieurs hésitations, on finissait par céder. Et on décidait de quitter le pays. Des fois, on prenait le temps de suivre ces rumeurs. Il y en avait qui fuyait après avoir échappé de justesse ou après la mort des leurs. Dans ces conditions, on courrait avec ce qu'on a sur soi. C'était en général les habits portés ce jour-là et les chaussures pour ceux qui en avaient bien sûr[17]. Pour la première catégorie, on prenait quelques effets et quelques kg de haricot, une casserole, des vêtements, en groupe, on prenait cours.

Comme le racontent les réfugiés eux-mêmes, la marche vers les camps des réfugiés a été tellement longue. Cette longueur de la distance à marcher, réelle ou potentiel, est expliquée par le fait de ne pas savoir où on allait. Ce à quoi peut-être on était sûr, c'était que l'on quittait le pays, « pays jadis de lait et de miel » mais désormais devenu « pays de malheur et de sang ». Ensuite, pour ceux qui avaient beaucoup d'enfants, il leur fallait partir avec toute cette grande famille. Ici, les enfants sont de différents âges. Certains pouvaient avoir un âge moyennement élevé. Mais cela n'empêche qu'il y est des enfants mineurs qui, à peine, apprenaient à marcher avec un besoin réel de quelqu'un pour « gouverner leurs pas ». Cela veut dire qu'il était impératif de s'adapter au rythme ou vitesse de l'enfant le moins rapide. Ou bien, il fallait porter plus d'un enfant si on n'avait pas quelqu'un d'autre pour te donner un coup de main. Des gens sont péris en cours de routes ; soit assassinés, soit noyés dans des rivières ou dans des cours d'eau.

En plus, pour les camps de Lukore en province de Biharamuro, il fallait passer une nuit en cours de route. C'est par là que les choses s'endurcissaient. Cette nuit devait être passée sous l'arbre, pourquoi pas en plein air. Les réfugiés se déplaçaient à pieds (sans souliers pour la majorité) tout au long de la journée, avec quelques effets sur la tête, enfant sur le dos pour les femmes parfois un autre dans les mains, sans manger parce que, on n'avait pas.

Pour ceux de Muyinga qui sont passé par le poste de Mbuba dans la province de Kagera en Tanzanie, c'est à cet endroit que le HCR commençait le processus de les accueillir. Chaque réfugié, après s'être enregistré, était « étiqueté » sur le bras avec ce qu'on appelle « bracelet[18] » fabriqué en plastique et portant chacun son numéro. Le lendemain, les réfugiés étaient chargés dans les camions nommés « Musaada wakimbizi » vers leur destination.

---

[17]A cette époque, à la campagne peu de Burundais portaient des chaussures quotidiennement. Peut-être les jours dominicaux ou fériés en mettaient.

[18]Ici, par bracelet, il faut entendre une sorte d'étiquette comportant de numéro. C'est une sorte de recensement.

2

INSTALLATION DES REFUGIES DANS LES PREMIERS JOURS

Dans ce chapitre, nous revenons sur les premiers malheurs qui s'abattent sur les réfugiés burundais à leur arrivée au camp. Ils pensaient fuir la mort, mais ils ont constaté que la mort était partout[19]. Toutefois, je ne veux pas signifier qu'il ne fallait pas fuir, au contraire c'est ce qu'il fallait à voir la situation prévalant dans le pays à l'époque. On dirait que c'est la période apocalyptique décrite ici.

II.1. De la nature vers la modernité ?

De prime à bord, je dois souligner que la vie est devenue presque nomade. Malheureusement, dans ce pays de Mwarimu, les réfugiés ne trouvaient pas d'arbres fruitiers pour faire la cueillette sauf « imikome » et « amanazi[20] ». Dans ce même pays hôte des réfugiés burundais, l'interdiction de la chasse est de rigueur. En Tanzanie, l'environnement est bien protégé[21]. Tous ces éléments font que cette vie soit semi-nomade car les critères du nomadisme ne sont pas remplis.

Nous parlons d'une vie semi-nomade car aussi les premiers campements des réfugiés étaient constitués par des maisonnettes construites en bois et couvert de pailles en herbes. Pour ceux qui se considéraient comme étant plus nantis, ils s'étaient procuré des tentes avant de quitter le pays. Dans les provinces de

---

[19]Guhungira imvura mumuvo ce qui pourrait se traduire en français par fuir la pluie dans eau de ruissellement.

[20]Parinari curatellifolia

[21]Ceci devrait inspirer ceux qui ont passé plusieurs années dans les camps des réfugiés en Tanzanie qui seront des leaders dans plusieurs domaines de la vie du Burundi.

Muyinga et de Kirundo par exemple, provinces qui avaient accueilli depuis 1994[22], les tentes offertes par le HCR se vendaient dans les camps de réfugiés rwandais de Giteranyi et de Bugabira.

Quant à la nourriture, il s'agissait de haricot, de l'huile de coton et de la pâte de maïs, et cela midi et soir. Mais dans les premiers jours, c'étaient le haricot et les grains de maïs. Il semble que la population burundaise n'était pas habituée à ce régime alimentaire. Des cas de maladies liées au régime alimentaire inhabituel n'ont pas manqué. De même, la façon de préparation de la pâte n'arrangeait pas les choses.

Certains la consommaient étant mal préparait se faisant ainsi victime de la dysenterie. Il en est de même pour l'huile de coton. Ici, nous ne parlons pas de la qualité de la pâte, on y reviendra dans les pages suivantes.

Tout de même, dans les premiers jours, la monnaie en circulation devrait être les shillings tanzaniens. Les réfugiés n'ayant pas encore innové des moyens leur permettant de se procurer de l'argent, on échangeait des produits en nature (surtout les vivres). C'est le troc. Ce type de commerce a prédominé dans les premiers mois de l'installation des réfugiés. Ce genre de d'échange a permis aux réfugiés d'obtenir des produits que les humanitaires ne distribuaient pas. Mais petit à petit, les réfugiés inventaient des moyens de « produire » de l'argent. Ainsi, avec l'avènement du marché longtemps contesté par les responsables du camp, le commerce monétaire se substituait au troc.

Ce renouveau a arrangé la vie des réfugiés. Un cas exemplatif, 1kg de grains de maïs avait longtemps coûté en dessous de 50 Shilings a monté jusqu'à 100 puis 120 Shilings. Comme conséquence, il est né des vendeurs ambulants qui ont été appelés « abahevyi »[23].

II.2. Les premières tentes offertes par le HCR

Les premières tentes offertes par le HCR constituaient un grand pas franchi. Désormais, on ne passe plus des nuits sous les intempéries, sauf l'eau de ruissellement qui y pénètre facilement pendant la pluie. De même, au fur

---

[22]Rappelons que ceux-ci ont dû fuir encore une fois vers la Tanzanie. Car, leurs camps faits objet de menaces dans plusieurs endroits ; les massacres des réfugiés rwandais dans les camps de Giteranyi et Bugabira sont plus parlants.

[23]Qui vient du verbe « guheba » qui signifiait d'une façon plus restreinte acheter des choses sans savoir où on pourra les vendre.

du temps, même les nouveaux arrivants ne passaient plus des nuits en pleine air, des centres d'accueils construits en tentes avaient été mis en place pour cette fin. Pour ce dernier, après identification, à la veille de son arrivée, chaque famille des réfugiés, avec un équipement minimal et des vivres à consommer pendant la première semaine, devaient être acheminés vers sa « parcelle ». Au moins, le réfugié a son abri pendant quelques mois avant que la tente ne se détériore étant donné qu'au fur du temps, elle finit par se déchirer. Ces huttes couvertes de tentes, avec une forme d'un véhicule, sont connues sous le nom « burende[24] » en Kirundi (blindés en Français). Il était facile qu'elles brûlent à cause des étincèles provenant du feu de cuisine et de la flamme provenant de l'huile de coton faute d'expérience à utiliser cette huile qui, en contact avec le feu, brûle.

II.3. Manque criant d'hygiène

L'auteur se rappelle des situations macabres des enterrements massifs des morts. Les réfugiés mouraient en grand nombre à cause du manque d'hygiène. D'abord, au camp de Kitali l'eau était rare. Les premiers réfugiés buvaient l'eau sale courant dans des ruisseaux au bas fond. Cette eau était connue sous le nom d'ikidumbugwe ou ikidumbugu[25] en Kirundi. C'est cette même eau qui coulait au bas fond des collines qu'on utilisait pour préparer de la nourriture, pour se laver et faire la lessive. Ici, il ne faut pas perdre de vue, les toilettes ne sont pas encore disponibles. Par après, on a construit des toilettes publiques. Celles-ci étaient aussi peu propres à cause du surnombre des usagers. Celles-ci étaient aussi rares. Elles exigeaient de passer du temps à une file indienne, après avoir parcouru plusieurs mètres.

L'auteur qui vivait dans un village en contact avec l'espace vert se souvient que cet espace a constitué, dans les premiers jours, « un lieu d'aisance ». Des ordures tremblaient partout. Les personnes en bonne santé et celles déjà atteintes par choléra, dysenterie et d'autres maladies des mains sales, enfants et adultes, se rencontraient à cette « plage d'ordures ». On comprend que par-là à quoi ressemblait ce ruisseau « ikidumbugu » rassemblant toutes ces matières.

---

[24]Le nom sarcastique pour dire que ces tentes étaient non seulement de la forme des véhicules blindés des militaires mais qu'elles étaient malgré leur fragilité, la forteresse des réfugiés.

[25]Ce nom fait allusion à l'eau sale. Certaines gens disaient même qu'il s'agit des urines des animaux sauvages comme les lions : « amaganga y'intare ».

La contagion plus facile a favorisé la propagation des maladies partout. Avec toutes ces maladies auxquelles il faut ajouter la malaria, des brancards étaient toujours chargés des morts à enterrer.

Au début donc, l'hygiène était une question des réfugiés. Avec la précarité des moyens financiers des réfugiés peu de choses pouvaient être réalisées. A ce manque de moyens, il faut ajouter des mauvais comportements hygiéniques des uns et des autres en absence d'une coordination. Plus tard, les conditions d'hygiène se sont améliorées grâce à l'intervention des Humanitaires comme le HIT qui sera relayée par le CONCERN. Les agents de ces organisations étaient des Burundais formés pour cette fin. Désormais, deux ménages parallèles se partageaient une toilette. Pour ne pas dégager des odeurs nauséabondes attirant des mouches, les toilettes étaient entretenues à la cendre. Afin de lutter contre la contagion, des campagnes de pulvérisation ont été organisées. Dans cette même perspective, des équipes pilotées par l'organisation CONCERN chargées d'hygiène ont été mises en place. La toilette est construite en matériau semi-durable (briques adobes).

La toilette et la douche étaient obligatoires. On les construisait dans un plan circulaire, sans porte, le mur circulaire jouait le rôle de la porte. Ces équipes veillaient au respect des certaines règles d'hygiène dans les toilettes et à l'intérieur de chaque ménage jusqu'au lit. Pour lutter contre les mouches, agents propagateurs de certaines maladies, chaque toilette a son couvercle. Les toilettes étaient aussi munies des pièges artisanaux ou industriels des mouches.

Certaines sanctions étaient infligées aux hors-la-loi. Une fois que la toilette était trop rempli jusqu'à l'excès. Les agents du CONCERN démolissaient cette toilette pour exiger une nouvelle. Aussi, certains récalcitrants étaient sanctionnés par la saisie ou blocage des cartes[26]. La carte saisie était transmise aux agents du HCR. Ainsi, à la prochaine réception des vivres, le hors-la-loi ne se retrouvait pas sur la liste des bénéficiaires. Il devait faire un recours pour être régulariser. Ce fait de ne pas se retrouver sur cette liste était désigné en Kirundi par « kuja muri ndibuze »[27]. Cette expression est née de ce que le récalcitrant disait quand il se retrouvait sur la liste : « *jewe ndibuze* » ou « *moi je ne me retrouve pas (sous-entendez sur la liste)* ». Un des gens ayant vécu dans le camp de Kitali nous raconte comment, dans leur village BB, ils ont passé

---

[26]On parle en Kirundi d'icadi faisant allusion au mot anglais « card ». Pour recevoir les vivres du HCR, on présentait cette carte que disposait chaque ménage.

[27]Cela se traduirait littéralement par « aller dans le je-ne-me-retrouve-pas »

plusieurs semaines sans recevoir ni vivres ni de l'eau parce que accusés d'avoir malmené un blanc agent du HCR. Il leur fallait chercher de la nourriture dans les villages voisins et puiser l'eau des bas-fonds (ibidumbugwe). Mais, il est dit que ce blanc aurait été tabassé par des Rwandais qui l'accusaient d'avoir distribué aux réfugiés des haricots de très mauvaise qualité qui étaient pourris et qui ne se cuisaient pas, avec une farine très amère.

Le contrôle de l'hygiène fait par des agents du CONCERN s'étendait à tous les niveaux : de la toilette en passant par les ustensiles ménagers jusqu'au lit. Un cas du contrôle le plus remarquable se situe au niveau de la propreté sur les robinets publics. Ces agents veillaient de près tous les gestes pouvant propager des saletés. D'abord s'était des robinets qui exigeaient de pousser leurs extrémités pour obtenir l'eau. En d'autres termes, pour que le robinet laisse l'eau couler, c'est impératif de le toucher. Et là un agent du CONCERN étant sur les lieux, il vérifiait si les mains de la personne touchant le robinet étaient bien propres. Puis, étant des robinets publics, ceux qui y cherchaient de l'eau étaient nombreux. Cette activité se faisait à la chaîne.

Le rangement des bidons ou seaux sur la ligne comportait double avantage. Premièrement, ça évitait des bousculades voire des affrontements sur les robinets pour ne pas se blesser l'un et l'autre ou pour ne pas abîmer les robinets, voire même abimer les bidons ou les seaux. Deuxièmement, c'était une façon de contrôler avec facilité et efficience la propreté des bidons et seaux. Un cas d'impropriété du bidon repéré, on n'exige son propriétaire de le laver sur place. En cas de refus, le bidon était saisi.

Photo 2 : Robinet public

Cette photo montre un robinet public. Tout autour de celui-ci, des gens debouts ou assis calmement avec des bidons et seaux alignés. Parmi les bidons, se trouvait un petit bidon blanc appelé « kapoti »[28]. Il est visible que ces gens étaient sûrs qu'ils allaient passer un long moment à cet endroit. Quelques fois, à cause du surnombre de la masse attendant l'eau des robinets, des bagarres s'étaient produits. C'est à de telles difficultés que les réfugiés devraient s'adapter.

---

[28]Fait allusion au préservatif de par sans fragilité et sa tendresse. Ce bidon est presque transparent. Ne contenant pas de l'air, il était facile de le plier.

3

ADAPTATION DANS UN MILIEU NOUVEAU

Dans cette partie, nous cherchons à montrer que petit à petit, les réfugiés burundais se sont adaptés tant bien que mal dans les camps. Au départ, les camps étaient un milieu de malheur, pour contourner cette situation le réfugié devait créer à tout prix des moyens le conduisant vers sa « son bonheur ». La ration alimentaire des Humanitaires s'étant révélée insuffisante, les réfugiés avaient inventé d'autres moyens leur procurant un supplément de nourriture. Aussi, le grand nombre des réfugiés menaçant l'environnement, il leur a fallu des innovations dans la collecte du bois de chauffage et sa gestion rationnelle.

III.1. La ration alimentaire offerte par les Humanitaires

Le Burundi est une société agricole. La quasi-totalité des Burundais pratique l'agriculture vivrière surtout. A cette époque, on peut se permettre d'affirmer une possible autosuffisance alimentaire dans beaucoup de provinces de ce pays considéré comme le cœur de l'Afrique. Beaucoup de Burundais ne cultivaient pas pour le marché sauf pour les cultures d'exportation comme le café et le thé. L'agriculture au Burundi à cette période est destinée avant tout à satisfaire les besoins alimentaires. On ne les a pas entendus dire qu'à voir l'espace qu'ils viennent de cultiver, ils pourraient arriver à une autre saison en beauté ou dans l'aisance. Pour dire que la seule préoccupation du Burundais était surtout l'autosuffisance alimentaire.

Ainsi, après la récolte, le Burundais consommait sans mesure. Peut-être qu'il n'était pas nécessaire de savoir combien de kg (pour les graines ou céréales) consommés par jour ou dans une semaine. Pour d'autres cultures comme patate douce, manioc, pomme de terre, etc., on récoltait dans un panier à tout moment voulu. En d'autres termes, il ne fallait que remplir sa marmite sans d'autres considérations aucune. Et les récoltes d'une saison pouvaient facilement atteindre celles d'une autre saison. Dans certaines régions, on n'avait pas encore commencé à consommer la pâte de maïs. Dans ces régions, le maïs était jusque-là consommé grillé, puis cuit avec du haricot (intete).

La guerre va changer cette situation. Dans les camps des réfugiés, il fallait attendre les vivres des ONG. On n'a plus de champs de cultures à récolter. Désormais, la ration alimentaire était mesurée et exprimée en termes de grammes par tête. Seules les personnes recensées lors d'Ibarura[29] (recensement) pouvaient recevoir[30] de la nourriture du HCR. Avec des quantités bien précises en fonction du nombre des membres de chaque famille et du nombre de jours bien déterminés, la vie change impérativement qu'on le veuille ou pas.

Plusieurs variétés de vivres étaient distribuées. Les grains de **maïs blanc ou jaune**. Ces grains étaient consommés soit cuits à l'état brut, soit grillés. Les grains étaient des fois morcelés et cuits pour être consommés à la place du riz (on pouvait dire qu'il s'agissait du riz). Les grains de maïs étaient moulus non seulement pour préparer de la pâte et de la bouillie mais aussi pour fabriquer de la boisson appelé « umugorigori » ou « umutiritiri » (on y reviendra).

Dans les premiers jours au camp de Gitali, les moulins étaient rares. Les réfugiés pilaient les grains de maïs et obtenaient la farine. Les rares moulins exigeaient une patience sans nom. On se réveillait à 03h du matin pour aller « souder » la file indienne. Cette file pouvait se terminer à 16h du soir. Ou bien, on devait parcourir plusieurs kilomètres à pied vers Nyagahura ou Njia Panda. C'est à ces endroits qu'on pouvait trouver des moulins. Ici, on ne peut pas ne pas dire que les Rwandais tendaient des embuscades pour spolier les biens des Burundais. Enfin, à partir de la farine de maïs, on fabriquait des « ibidiya » pour compenser l'absence de beignets fabriqués à l'aide de la farine de blé au Burundi. Des fois, les réfugiés pouvaient enlever les épluchures sur les grains

---

[29]Le mot vient du Kinyarwanda « kubara », qui signifie recenser. Dans les camps, le mot étaient utilisé par les Burundais et Rwandais.

[30]Recevoir signifie ici se faire remettre entre ses mains, prendre ce qui est donné ou présenté sans qu'il soit dû. En Kirundi, on parlait d'ugutega. Gutega imfungurwa, gutega ibigori, gutega ibiharage. Nous avons cherché la signification du mot auprès des anciens réfugiés ; ils disent que dedans, il y a le sens de tendre les mains ou un panier pour attendre ce qu'on va t'offrir ou te présenter. On parlait aussi d'ugutega parce qu'on ne savait pas ni la qualité ni la quantité des vivres. Dans certains cas, des vivres étaient presque périmées ou de mauvaise qualité ou la qualité revues à la baisse. D'autres parlaient d'ugufata. Ce mot faire ressortir exactement le sens de tendre (la main).

de maïs. Cet acte est désigné en Kirundi par le terme de « gukobora ». Avec la modernisation de cette action, actuellement, les épluchures de maïs sont enlevées par les machines alors qu'auparavant elles se faisaient au pilon.

Dans certains cas, on distribuait de la farine[31] de maïs elle-même. Comme le maïs, on distingue des variétés de farine selon le langage des réfugiés en fonction de sa saveur ou de sa couleur : pâte jaune, pâte blanche, dona (farine de couleur orange). Il existait aussi une autre variété de farine connue sous le nom de « gasaraba ». Celle-ci était une farine amère qui a changé de couleur à cause du pourrissement. Elle était difficile à en préparer une pâte car ses particules ne se liaient presque pas. La pâte de cette farine pouvait être jetée. Plus tard, ce dernier nom sera porté par des filles qui portaient des pantalons et des mini-jupes. C'est un nom qui faisait allusion à quelqu'une abandonnée ou insupportable en famille ou déculturée. Cette expression pouvait désigner aussi une fille en « âge avancé » non encore mariée. Peut-être pour dire qu'elle attire peu ou pas beaucoup de jeunes hommes.

Le **haricot** était aussi distribué aux réfugiés. Souvent, on donnait du haricot appelé « rumarinkwi[32] ». Ce mot est composé de deux mots du Kirundi : « kumara » (terminer, épuiser) et « inkwi » (bois de chauffage). Littéralement, il signifierait « épuiser le bois de chauffage ». Pour cuir ce haricot, on le faisait passer la nuit dans de l'eau mélangée de la cendre. Puis, on commençait sa cuisson le matin et cette cuisson s'achevait le soir. Il passait presque 9h au feu. Sa cuisson n'a jamais été complète comme celle du haricot habituel. C'était visible à l'œil nu que ce haricot avait été conservé pendant plusieurs années ; en témoignait même sa couleur.

Les réfugiés recevaient aussi du **sorgho** à cuir pour être consommé à l'état de grains. Ce sorgho qu'on a appelé « impengeri » de deux couleurs : blanc et rougeâtre, était consommé préparé comme du riz.

Un autre produit vivrier était des lentilles ou « **umunyegenyege** en Kirundi». Ces grains ressemblant plus aux grains d'arbre surtout d'espèce d'acacia était consommé exactement à la place du haricot. Il est dit que cette denrée était plus savoureuse que le haricot. Même si c'est presque inconnu des Burundais, plus d'un l'aurait bien appréciée. Une autre qualité particulière d'umunyegenyege,

---

[31]Cette farine a porté plusieurs noms peut-être en fonction de sa saveur ou de sa couleur : pâte jaune, donna, gasaraba. Plus tard, ce dernier nom sera porté par des filles qui portaient des pantalons. C'est un nom qui faisait allusion à quelqu'un abandonné ou insupportable. On y reviendra.

[32]Ce nom sera donné aussi aux jeunes filles qui allaient en dehors des normes sociales.

c'est sa cuisson plus facile sans gaspillage de bois de chauffage. Sa cuisson était complète entre 15 à 30 minutes.

La farine de **soja** était aussi distribuée aux réfugiés. Il semble que c'est le produit de plus grande qualité de tous les autres produits vivriers. C'est un produit de plusieurs usages dans les camps. Cette farine pouvait être utilisée pour la préparation de la bouillie, de la pâte de soja, la « sauce » de soja et la fabrication des beignets secs de soja (Ibidiya). Elle pouvait enfin être consommée en cet état de farine même car contenant du sucre. C'est une farine préparée à l'usine avec un goût du soja grillé. De cette ration, le soja restait le produit très riche en éléments nutritifs.

D'autres produits vivriers étaient entre autres le **petit pois,** morcelé, peut-être, pour ne pas être vendu aux Tanzaniens. Ce produit vivrier a été connu aussi sous le nom de sans-échecs[33]. Il semble que la consommation excessive et répétée de ce produit causait des diarrhées. Sur cette même liste, citons les **arachides** (morcelés ou pilés), **l'huile de coton**, le **riz**, des **biscuits** (dans les premiers jours ou pour les enfants souffrant de la malnutrition), du **lait** (à l'école, cas rarissime).

En général, la prédominance était de la pâte de maïs, du haricot, de l'huile de palme et de la farine du soja. Cette alimentation se répartissait approximativement de la façon suivante : 150g de céréales, 40g de légumineuses, 10g d'huile et 3g de sel, pour un seul repas[34]. Toutefois, cette quantité pouvait être diminuée en fonction de la disponibilité des vivres dans les stocks comme le montre le rapport du HCR : « *(…) la quantité de nourriture distribuée par le Programme Alimentaire Mondiale (PAM) a été réduite de façon draconienne depuis la fin de 2002*[35] ».

Cette aide était distribuée par tête ou en fonction du nombre des membres de la famille. Ce nombre des membres de la famille est compté à partir de l'enfant le moins âgé quel que soit son âge. En général, l'aide n'était pas suffisant. Un ancien réfugié témoigne que pour atteindre la réception de vivres suivante, sa mère devait aller travailler pour les Tanzaniens au moins trois fois la semaine[36]. Cette aide en général insuffisante.

---

[33]On n'a pas pu bien trouver une bonne signification de ce mot. Mais, nous tenons à vous rappeler que les Sans-Echecs, dans le contexte burundais, étaient des jeunes qui ont commis des tueries et d'autres bavures surtout à Bujumbura et dans les chefs-lieux des provinces et communes du Burundi à partir de 1994.

[34]Entretien avec I.E., Muyinga, le 22 avril 2020

[35]*Réfugiés et Déplacés Burundais : Construire d'urgence un Consensus sur le Rapatriement et la Réinstallation*, ICG Briefing Afrique, 2 décembre 2003, P. 4

[36]Entretien avec M.F., Bujumbura, le 24 juin 2019

Ainsi, certaines familles ont dû compenser ce manque par le jeûne en s'abstenant du petit déjeuner et du déjeuner pour prendre seulement le dîner. Autrement dit, ces vivres du HCR avaient besoin d'un supplément.

Photo 3 : Carte pour accès aux vivres du HCR

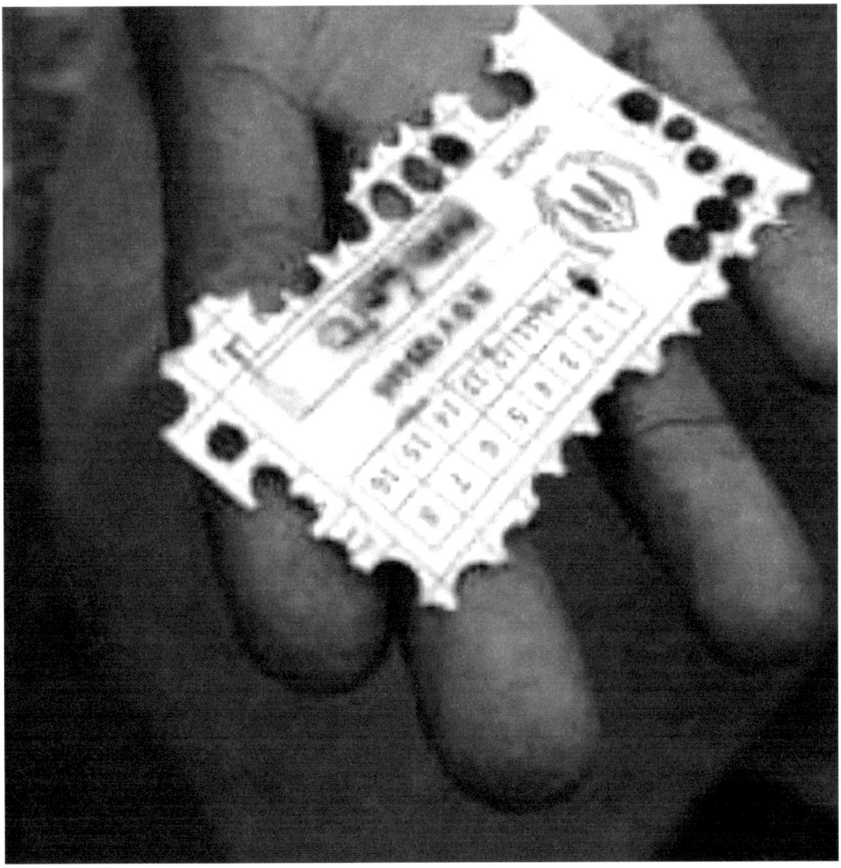

Cette photo montre une carte que le réfugié présentait lors de la réception des vivres. A chaque perception, on trouait sur les bordures de cette carte, d'où cette forme irrégulière. On pouvait même trouait vers le milieu de la carte. Ce qui veut dire que la carte que nous voyons ici n'est pas une carte déchirée photographiée. La carte neuve présentait une forme rectangulaire régulière. La photo montre une carte d'une famille de 8 personnes comme l'indique les chiffres inscrits sur cette carte.

Photo 4 : Huile de coton

L'huile de coton distribué par le PAM aux réfugiés. Cette huile a été appelé en Kirundi « ama USA ». Il s'agit d'une photo-mémoire. Les mots inscrits sur cette photo révèlent la mémoire de certains réfugiés. Cet ancien réfugié anonyme qui rappelle à ces congénères les maux du camp, transmet un message sentimental voire prophétique aux jeunes et futures générations qui n'ont pas vécu ce calvaire. A travers « les lignes » de cette phrase on peut y déceler un message de « plus jamais ça ».

III.2. Les réfugiés à la recherche d'un supplément de nourriture

Dans cette province hébergeant les réfugiés, la population Tanzanienne menait une vie presque nomade. En tout cas, on peut ne pas se tromper, de dire que la sédentarisation de cette population restait toujours inachevée. Elle vit en habitat dispersé dans la brousse. Pourrais-je parler d'un retard dans la « civilisation moderne ». Ils construisent des huttes en pailles et s'entourent de quelques cultures. Du point de vue vestimentaire, cette population s'habille à peine. On pouvait rencontrer une femme portant un pagne seulement comme vêtement, torse presque nu. Elle cachait quand même les seins. Ce groupe de population appelée Banyambo pratique de la sorcellerie et la religion traditionnelle similaire d'Ukubandwa dans le Burundi traditionnelle. La civilisation occidentale n'a pas beaucoup impacté les pratiques ancestrales des Banyambo tanzaniens jusqu'à cette période.

Avec les besoins élémentaires surtout la nourriture, les réfugiés burundais devaient entrer en contact avec cette population. Ce contact avait pour cause la recherche de supplément de nourriture pour compléter les quelques 2500g/tête pour deux semaines. De là, naquit une expression kirundi d' « ukuja mu Kinyambo » comme dans l'histoire coloniale où on parlait de « kuja i Manamba ». Elle signifie aller exécuter des travaux manuels ou physiques comme cultiver pour le Munyambo[37] contre des produits en nature, tels que le manioc (amer quelque fois), le sorgo blancs (urubere), les boutures de colocases, la patate douce, etc. On ne donnait pas de la banane. Parfois, à cause de la rareté du bois, on pouvait travailler pour un Tanzanien afin de recevoir le bois de chauffage. L'auteur se souvient d'une famille toute entière qui a risqué la mort après avoir mangé de ce manioc amer un certain soir.

On peut se demander si le vol n'a pas menacer les Tanzaniens. Comme je l'ai écrit ci-haut, la sorcellerie leur protégeait les animaux sauvages avant l'arrivée des réfugiés. Plus tard, avec l'avènement des réfugiés, la même sorcellerie leur protégera contre les voleurs. Rappelons-nous des anecdotes où des Burundais qui tentaient de voler dans les champs des Tanzanien. Arrivé dans le camp, les choses volées restaient fixées sur la tête du voleur et parler : « Nsubiza iyo wankuye »[38]. La finalité donc, était d'être retournée au champ où le produit avait été volé. Un témoin oculaire raconte[39] :

---

[37]Entendez ici le Tanzanien de l'ethnie des Banyambo. Rappelons que la Tanzanie est un pays multiethnique.

[38]Retourne-moi d'où tu m'as pris.

[39]N.A., Bujumbura, le 06 juillet 2019

« Quelqu'un a exécutée sa tâche dont la contrepartie était une certaine quantité du manioc. Le patron a fait confiance en son ouvrier réfugié et l'a envoyé seul récolter deux plants de manioc (yisoromere ibiti bibiri). Puis celui-ci aurait déraciné plus de manioc que la quantité due. Arrivé au camp, le manioc sur la tête, celui-ci avait été collé sur la tête du réfugié. Il dut retourner chez son patron pour raconter ce qui lui était arrivé. A sa rencontre, le patron de lui dire 'ne plus jamais ça', l'affaire était terminée ».

D'autres produits vivriers volés restaient crus lors de la cuisson, dit-on. Nombre d'anecdotes similaires ont été racontées sur des cas de vols dans les champs des Banyambo. On comprend par-là que cette pratique de « kuja mu kinyambo exigeait l'honnêteté » et disciplinait les réfugiés. D'une façon générale, les réfugiés ne volaient pas chez les Tanzanien sauf ceux qui prenaient le risque de la mort[40].

Un autre supplément de nourriture surtout au camp de Kitali était le produit de la chasse. Mais cette activité était interdite sauf que des aventures ne manquaient pas. Elle était considérée comme le braconnage. Mais après avoir été déplacés vers le camp de Lukore-Rumasi en 1996, les choses ont évolué positivement. En effet, toujours à la recherche d'un supplément de nourriture, on pouvait se rendre à Benako, région plus ou moins évoluée par rapport à celle avoisinant le camp de Kitali. Là, après les travaux champêtres, on rentrait avec du manioc, de la patate douce, des courges, des épis de maïs, et de la banane. Aussi, on peut dire que les réfugiés ont reçu de la manne de brousse. Ils ont pratiqué la cueillette des fruits de la brousse tels que amanazi et imicome. Amanazi étaient beaucoup consommés non seulement par les enfants mais également par les adultes. Ces fruits sont sucrés. On en fabriquait même du jus et de boisson alcoolisée. Mais, ceux qui en ont consommé n'ont pas bien apprécié la saveur de ces boissons. Les fruits d'Amanazi ont des noix. Ce noyau, une fois écrasé, on en tirait une matière blanchâtre comestible aussi. Celle-ci a un goût d'arachides. Les enfants disaient qu'il s'agit d'arachides de par son goût.

Toujours pour l'amélioration de leurs conditions de vie, juste dans la première année au camp de Kitali, les Burundais ont commencé à pratiquer de l'agriculture. Cette activité sera beaucoup développée au camp de Lukore. Dans cette région, les terres étaient encore presque libres. Les Burundais se sont adonnés au défrichage des brousses de collines et des marais jusque-là inexploités.

---

[40]N.A., Bujumbura, le 6 juillet 2019

Sans autre condition, les réfugiés cherchaient les terres libres et non défrichées et procédaient au défrichage. Les cultures les plus pratiquées étaient l'éleusine, le maïs et le haricot. La culture de l'éleusine se développe bien dans cette région. Cela a permis l'expansion de la fabrication de la boisson de maïs qui exige comme ferment une certaine quantité de la farine d'éleusine. En effet, ils pouvaient produire des surplus agricoles destinés à être vendus dans les marchés du camp ou dans le voisinage. On a vu que plus tard dans le camp de Lukore-Rumasi, certains burundais devenaient de plus en plus des agriculteurs. Soulignons que même si l'agriculture se faisait en pleine brousse, il n'y avait pas de vol dans les champs. Seuls les Rwandais, qui avaient résisté au rapatriement forcé et qui avaient préféré vivre dans les brousses, s'adonnaient au pillage. Ce type de pillage avait eu lieu lors des récoltes. Cette agriculture a été petit à petit associé à l'élevage de petit bétail comme les poules, les canards et rarement les chèvres. Ces surplus agricoles ont permis le développement du commerce. Avec plus d'une décennie au camp, certains réfugiés auraient même hésité à quitter le camp lors de la politique de rapatriement.

Un autre moyen de trouver un supplément de nourriture, à l'insu du HCR, les réfugiés ont fait recours à la pratique de makanaki[41]. Le makanaki consiste en achat des cartes montrant ceux qui ont droit aux vivres. Chaque ménage ou famille avait sa propre carte comprenant les membres de la famille. Seul le nombre des individus figurant sur cette carte avait droit aux vivres. Puis à x temps, on procédait à un nouveau recensement (ibarura). Les plus malins achetaient les cartes de ceux qui quittaient le camp des réfugiés. Cela était possible du fait que, dans les premiers jours, le HCR ne s'impliquait pas dans le rapatriement de réfugiés. Donc, il lui était difficile d'identifier ceux n'étaient plus au camp sauf après un nouveau recensement. Ces cartes restaient donc fonctionnelles jusqu'à la nouvelle distribution des cartes. Un autre moyen d'acquérir cette carte consiste en le fait de sortir du camp, puis entrer de nouveau dans le camp comme un nouveau réfugié. Ce moyen a augmenté le nombre des cartes à vendre à ceux qui se retrouvaient chaque fois dans l'insuffisance de nourriture avant d'atteindre la prochaine réception des vivres. Aussi, ce moyen permet aux vendeurs de ces cartes de se procurer de l'argent pour satisfaire d'autres besoins de tous les jours. Ce sont ces mêmes individus

---

[41]Nous informant sur l'origine du mot, quelqu'un nous a dit : « Cyrille Makanaki serait un joueur de football de l'Afrique occidentale, qui trichait beaucoup pendant le jeu (kurarira). Aux camps des réfugiés, le mot makanaki aurait constituait donc un euphémisme de voler les vivres et d'autres aides qui étaient offertes par le HCR.

qui prêtaient des vivres à ceux qui n'arrivaient pas au bout de la ration prévue par le HCR. En plus de se faire enregistré plus d'une fois pour avoir accès à plus de vivres, ceux qui pratiquaient le makanaki pouvaient aussi accroitre le nombre des membres de la famille en amenant des tanzaniens et les faire enregistrer à la place des réfugiés qui sont déjà rentrées[42]. Ainsi donc, plus le nombre des membres de la famille devenaient supérieur aux personnes réellement présentes dans un ménage, plus le surplus alimentaire devenait élevé et le revenu issu de sa vente permettait de subvenir aux autres besoins des réfugiés.

Enfin, toujours pour avoir un supplément de vivres, certains vendaient du bois de chauffage. Un grand fardeau de bois se vendait à 500 Shillings tanzaniens. Ainsi, on se procurait d'autres produits comme les légumes, les bananes, la farine du manioc, les tomates, l'huile de palme, etc. Signalons qu'avec 100 Shillings, on pouvait acheter de la banane et avec 20 Shillings les légumes, ainsi de suite.

Photo 5 : Arbres d'amanazi

---

[42]Témoignage d'un ancien réfugié anonyme

Photo 6 : Fruits d'Amanazi rassemblés sur une corbeille

III.3. Difficile accès au bois de chauffage

On avait évoqué en haut la question de l'environnement. C'est une question à laquelle la Tanzanie a accordé une attention particulière. C'est plus compréhensible car il était difficile de gérer ces milliers[43] des burundais qui avaient des besoins qui, leur satisfaction, devraient avoir un grand impact sur l'environnement. Les burundais avaient besoins du bois pour se construire des maisons plus ou moins solide résistant aux intempéries. Il s'agit d'une tendance d'abandonner ces maisons qu'on a appelées blindés (Burende). Ces

---

[43]En 2003, le HCR estimait le nombre des réfugiés burundais dont la quasi-totalité vivait en Tanzanie.

« nouvelles modèles » de bâtiments similaires à ces qu'on avait au Burundi avaient leurs exigences : un grand nombre de troncs de bois et de grandes dimensions. Et l'administration tanzanienne ne pouvait pas admettre cette destruction anarchique de bois.

Les Burundais sont donc dans l'impératif d'inventer la raison pour se procurer ces troncs d'arbres. Ainsi, les Burundais ne coupaient pas les bois pendant la journée de peur de se faire attraper par les agents de la REDESO[44]. Ils attendent le soir ou dans l'aube au moment où les policiers avaient gagné leurs casernes. Pour parvenir à atteindre le nombre de bois pouvant construire une petite maison, cela pouvait prendre plusieurs semaines du fait qu'on devait collecter du bois petit à petit tout en le cachant à l'intérieur de son Burende (hutte ou maisonnette en pailles ou couverte de bâche). C'est après avoir remarqué que les troncs d'arbres seraient suffisants qu'on se lève une certaine matinée, toujours à l'insu de la police, et qu'une maisonnette était élevée.

Par après, les maisons en matériaux semi-durables ont été construites en briques adobes. Mais, il restait interdit de construire des maisons en dur avec des tôles et du ciment. La toiture était toujours couverte de bâches offertes par le HCR.

Un autre besoin en bois plus épineux, était le bois de chauffage. On devait parcourir plusieurs km pour accéder aux forêts sans se soucier des animaux qu'on pouvait y rencontrer. De tels cas ne manquaient pas ! Sans doute, tout le monde n'est pas rentré sa vie sauve. Ce voyage qui se faisait souvent en groupe débutait la nuit vers 3h pour arriver à son domicile à 16h voire 19h. On marchait dans les montagnes pendant plusieurs heures à la recherche de ce « bois qui devenait précieux » à cause de sa rareté. Une montagne se distinguant par sa grande pente fut baptisée « Simarikibuni ».

Un nom résultant de la combinaison de deux mots kirundi : verbe « kumara » qui signifie terminer et le nom ikibuni désignant la bouteille en plastique dans laquelle se vend l'eau minérale. Il semble que, à cause de la fatigue accumulée lors de ce trajet, on devenait incapable de terminer cette bouteille d'eau.

Aussi, ce bois de chauffage se transportait sur la tête. Au cours de ce long trajet, chaque fois qu'on se sentait fatigué, on se reposait en cours de route. Ce trajet était tellement long comme le raconte un rapatrié :

---

[44] Il y avait un organisme appelé REDESO qui veillait au bien être de l'environnement. Et ce cet organisme comprenait à majorité les Burundais, avec un Tanzanien à la tête.

« Au camp de Lukore-Rumasi, on cherchait du bois à Nyabugombe à environ 25 km du camp. On se levait à 5h du matin. On pouvait apporter un tronc de bois pouvant être utilisé pendant 3 ou 4 jours »[45].

Là-dessus, il existe une anecdote. Lors de la récolte du bois, il y en a qui ressemblaient une grande quantité. Chaque fois qu'on se sentait fatigué, on retirait de ce fardeau de bois quelques morceaux pour les jeter. Et si cela se répétait plusieurs fois, à la fin, on arrivait dans le camp avec une petite quantité de bois alors qu'au début on avait un grand fardeau. Sur ce point un réfugié, insistant sur la véracité de ce qu'il racontait, ne mâche pas les mots :

« Pour quelqu'un qui n'a pas d'idée sur cette situation, il risque de penser que je raconte de la fiction, mais c'est la situation réelle et vécue par plusieurs milliers de Burundais. Ainsi, si aujourd'hui j'ai une petite taille, c'est peut-être à cause des fardeaux de bois qu'on transportait sur la tête dans les camps des réfugiés ».

Il existait une organisation chargée de la protection de l'environnement REDESO (Relief to Development Society) qui a remplacé le CARE (Care for Environnement). Elle était chargée de lutter contre le braconnage, les feux de brousses et le déboisement dans les camps et dans son entourage. Pour le réfugié, il lui était permis de rassembler ou couper le bois mort (sec) ou les branches sèches sur le tronc encore en vie. Pour ceux qui s'aventuraient à couper les arbres vivants, ils risquaient le cachot.

Le réfugié a toujours cherché à contourner les difficultés de s'approvisionner en bois de chauffage. Le bois a participé dans le commerce des réfugiés. Entre ceux-ci et les Tanzaniens, le bois s'échangeait contre les produits vivriers. Les Tanzaniens qui avaient besoin de la farine de soja, du sel, du savon, etc. donnaient aux réfugiés le bois de chauffage.

Cette activité d'aller apporter du bois était presque devenue un métier grâce à la commercialisation de bois de chauffage. Un cas plus illustratif est celui de S. N. qui, grâce à la vente du bois de chauffage a acheté un vélo et a eu son premier capital ; jusqu'actuellement il reste commerçant[46].

Un autre moyen de sa provisionner en bois, on se réveillait la nuit avec de la scie pour aller couper, à l'insu de ceux qui étaient chargés de la sauvegarde

---

[45]H.J.C., le 26/08/2018

[46]Entretien avec un ancien réfugié, Bujumbura, le 24 avril 2020

de l'environnement (REDESO), les branches des arbres de la brousse (amanazi et imibanga). D'autres s'approvisionnaient des restes des planchers là où se construisaient des bâtiments. Il était donc strictement interdit de couper les arbres. Mêmes du retour de la recherche du bois de chauffage, les REDESO pouvaient suspecter le fardeau contenant du bois non sec se trouvant sur la tête. Si tel était le cas, ils procédaient immédiatement à la vérification. L'accusé de ce forfait pouvait même être emprisonné. Seule une catégorie qu'on pourrait appeler « sinistrés des sinistrés »[47] c'est-à-dire les plus sinistres que les autres tels les vieillards, les orphelins, les veuves et handicapés recevaient du bois de chauffage[48] de la part des humanitaires.

Dans le but de préserver l'environnement, les ONG ont initié un projet visant à minimiser les dépenses en bois. Dans cette perspective, chaque ménage du réfugié doit avoir une huche en former de braisier en terre (Irondereza[49]). Celle-ci comporte trois entrées disposées dans le sens des sommets d'un triangle équilatéral. Fabriqué en terre, lors de la cuisson des nourritures, l'irondereza atteint un grand degré de température. La chaleur accumulée par le broc en terre de l'irondereza maintient la chaleur nécessaire à la cuisson des aliments contient la casserole. Et le rabaissement de cette chaleur se fait d'une façon lente. Avec cette chaleur, on utilisait une petite quantité de bois de chauffage par rapport à la cuisson au-dessus de 3 pierres (iziko) où le feu est facilement perturbé par le vent. Tout de même, l'irondereza a aussi participé à la diminution dans les camps le nombre des maisons détruites par le feu. Soulignons que certains Burundais de la province de Muyinga ont gardé cette bonne pratique de la minimisation rationnelle du bois de chauffage grâce au Rondereza. De surcroît, les réfugiés avaient découvert une autre technique de cuir leurs nourritures à l'aide de la sciure de bois ramassée dans les menuiseries.

Ces matières, mises dans un carton et brûlées, faisaient une cuisson convenable de la nourriture sans gaspillage du bois. Il me semble que cette technique serait restée en Tanzanie alors qu'elle est plus économique en termes de bois par rapport à l'utilisation de bois de chauffage ou de la braise.

---

[47]Sinistrés des sinistrés car tous les réfugiés étaient des sinistrés. Mais, il y avait des sinistrés plus mortels que d'autres.

[48]H.J.C., le 26/08/2018

[49]Irondereza c'est un mot kirundi qui vient du verbe kurondera. Avec le suffixe -za résultat de la combinaison des lettres de –i- et –ir-, il prend le sens de chercher quelque chose rare, éparpillé et difficile à rassembler.

Distribution géographique des camps de réfugiés burundais dans l'ouest tanzanien

Camps	Nombre de réfugiés au 31 décembre 2002
Kasulu	
Muyovozi	38 874
Mtabila I et II	61 051
Kibondo	
Mtendeli	52 239
Kanembwa	19 148
Nduta	50 157
Karago	35 842
Ngara	
Lukore A et B	108 971
Mbuba, Mwira, Kitali	4 579
Total	370 861

Source : *HCR Tanzanie, décembre 2002 cité dans Réfugiés et Déplacés Burundais : Construire d'urgence un Consensus sur le Rapatriement et la Réinstallation*, ICG Briefing Afrique, 2 décembre 2003, P. 4

Le grand nombre des réfugiés en Tanzanie aurait constitué une surcharge démographique menaçant l'environnement[50]. Cette surcharge démographique a eu pour conséquence une surcharge environnementale et une dégradation des ressources naturelles notamment la couverture forestière, avec comme conséquences la fragilité des sols, la dégradation de la biodiversité, de la faune et de la flore. Pour la population tanzanienne accueillant les réfugiés, cette surcharge se manifeste sous la forme d'un accès plus difficile aux ressources naturelles (bois de chauffage, eau potable), d'une hausse des prix des produits, etc.

Les conséquences de cette surcharge ont entrainé la naissance des tensions entre autochtones et réfugiés, ces derniers devenant les boucs-émissaires des difficultés que connaît la population tanzanienne. Ainsi, des refoulements s'inspirent d'une stratégie permettant aux populations locales de tirer les dividendes économiques de l'opération. Les cibles de ces refoulements sont non seulement les réfugiés établis de longue date et disposant de beaucoup de biens, mais aussi ils eurent lieu au moment des récoltes.

---

[50]Sur une population tanzanienne de 31.800.000 en 2002, les réfugiés étaient estimés à 528.000 Burundais, 107.000 Congolais et 25.000 Rwandais. Sur ce sujet voir Ngayimpenda E., *Op.cit.*, pp. 44-45

Photo 7 : Bois de chauffage

La photo montre les enfants qui rentraient dans le camp. Ils venaient de la brousse à la recherche du bois de chauffage. Ils étaient accompagnés d'un adulte qui semble porter une houe sur l'épaule. Lui, il venait, semble-t-il, de son champ.

Pour contrer cette dégradation de l'environnement et des ressources naturelles, la Tanzanie va adopter une politique environnementale concrète. Elle se réalise à travers une ONG tanzanienne REDESO s'occupant de la réhabilitation des forêts, et de l'éducation des réfugiés à la protection de l'environnement.

Ainsi par exemple dans le camp de Lukore, la Tanzanie a initié un programme de planter les arbres à l'intérieur du camp sinon au paravant le camp était un espace déboisé. Un slogan était en vogue pour cette fin : « *Tema kimwe uce utera bibiri*» qui signifie probablement « *coupe un (arbre) et plantes-en deux (arbres)* ». Ce projet a été réalisé en passant par des établissements scolaires qui préparaient des pépinières. Les établissements se classant premiers dans la conduite de ce projet étaient primés. Les agents du REDESO se chargeaient du repiquage ou on donnait cette tâche aux réfugiés qu'on payait. Les espèces plantées sont : grévillea, acacia, ou les roseaux sur les pentes.

Dans ce chapitre, j'ai décrit quelques éléments montrant comment les Burundais se sont adaptés dans les camps de réfugiés en Tanzanie. Le chapitre s'est accentué beaucoup plus dans les premiers mois de leur installation dans les camps. Nous avons aussi insisté sur l'adaptation des réfugiés dans un milieu nouveau avec des exigences qui lui sont propres. Mais, la vie de Burundais dans les camps ne s'est pas seulement limitée là. Les Burundais ont bâti une société avec tout ce que cela exige.

4

ADAPTATION DANS UN MILIEU NOUVEAU

IV.1. Débuts de l'enseignement dans les camps

Les débuts de l'enseignement au camp sont difficiles à voir tout ce que l'installation de l'école exige. D'abord, le personnel enseignant, les infrastructures et le matériel pédagogique étaient-ils disponibles ? Mais, malgré toutes ces difficultés, les jeunes réfugiés burundais ont droit à l'éducation, un des droits fondamentaux des droits de l'homme. C'est l'un des droits sociaux que le HCR a accordé aux réfugiés burundais. La seule chance est que parmi les réfugiés, il y avait des lettrés pouvant jouer le rôle d'enseignants y en avaient. Ceux qui avaient abandonné le métier d'enseignant au Burundi ont profité de cette occasion pour le reprendre même si dans les premiers mois ils auraient été des bénévoles.

Après l'arrivée des Burundais dans les camps, les ONG ont essayé de faciliter la vie des réfugiés. Plusieurs services ont vie le jour surtout les services sanitaires et ceux qui sont liés à l'hygiène. Le gros des employés étant des expatriés et des Tanzaniens, il y avait un besoin d'autres employés plus proches des Burundais qui joueront le rôle d'intermédiaires entre les ONG et les réfugiés. Ainsi, dans les premiers jours, les ONG ont offert des emplois aux réfugiés illettrés ou semi-lettrés. Cela allait inciter des réfugiés plus avisés à penser à la création des écoles. Ainsi, ont vu le jour les écoles primaires. Mais, cela ne suffisait pas. En 1994, dans le camp de Lukole, on aurait proposé la création de l'école secondaire, mais la Tanzanie et les ONG donnèrent refus à cette proposition. Ceux-ci acceptaient les écoles primaires pour dire l'alphabétisation seulement. L'explication officielle de ce refus d'installer les écoles secondaires était que les réfugiés sont en Tanzanie de façon temporaire.

Il ne fallait pas donc entreprendre des grands projets comme la mise en place des écoles secondaires ou construire des maisons en dure ou tout dispositif qui ferait croire aux réfugiés qu'ils sont en Tanzanie pour s'y sédentariser[51].

En 1995, une année au camp de Lukole, l'école pour les Burundais va avoir ses raisons d'être créée. D'abord, les réfugiés rwandais de Lukole avaient des écoles secondaires dans leur camp. Les écoliers ayant interrompu l'école primaire et secondaire avaient tellement besoin de poursuivre les études. C'est dans ce sens qu'une école secondaire a vu le jour au camp en 1996. L'école secondaire a été nommée « Ecole Post-primaire » pour cacher aux Tanzaniens anglophones ses caractères des autres écoles secondaires burundaises.

Le nom d'encadrement post-primaire est inventé par des cadres réfugiés qui, face au refus du gouvernement tanzanien de l'ouverture des écoles secondaires, avaient sollicité la permission de mettre en place juste un encadrement post-primaire. C'est un encadrement qui officiellement empêcherait les élèves qui terminent le primaire de devenir des délinquants mais en réalité les programmes utilisés dans cet encadrement sont ceux des écoles secondaires du Burundi. Les écoles secondaires seront alors créées d'une manière déguisée[52].

Dans cette école nouvellement créée, il y avait un besoin flagrant des livres. Un réfugié au hasard qui avait emporté un livre sur lui, le disponibilisait à l'école. Un ancien réfugié nous a raconté comment il a contribué à la résolution de ce problème de manque de livre :

> «Au moment de notre exil, nous avions caché quelques exemplaires de manuels sur la frontière tanzanienne dans un ménage d'un certain tanzanien. Je suis retourné chercher les manuels à partir de Kitali avec un véhicule Nissan Patrol de l'ONG NPA (Norvegian People's Aid). A cette époque, je travaillais pour cette ONG en tant que agent social et mobilisateur. On a procédé à la multiplication de ces exemplaires »[53].

Un des fondateurs de ces écoles secondaires et primaires raconta qu'avec un exemplaire d'un manuel, on procédait à dessiner des images (unités) en grand format qu'on a utilisés au primaire. On a dû aussi faire recours aux bienfaiteurs.

---

[51]Entretien d'un ancien réfugié anonyme.

[52]Entretien avec un ancien réfugié anonyme.

[53]Témoignage d'un réfugié anonyme.

Des pentecôtistes norvégiens ont intervenu pour aider les vulnérables les plus nécessiteux.

Ces écoles de Kitali n'ont pas duré long feu car en 1997, tous les réfugiés de ce camp ont été transférés dans le camp de Lukore. A Lukore, l'école va porter le nom URPEC (Union des Réfugiés pour la Promotion de l'Education et la Culture). Le fondateur de ces écoles, un ancien instituteur burundais, évoqué ci-haut a dû abandonner le travail d'ONG pour se consacrer à la promotion de l'enseignement au camp.

On témoigne une grande nécessité de l'école secondaire à cette période : « Nous terminions l'école primaire, puis on manquait là où on pouvait continuer l'école secondaire car le gouvernement Tanzanien n'acceptait pas l'école secondaire. Mais, Nazaire et Tito ont pu créer une école secondaire appelée Post-primaire »[54]. Cette école va résoudre ce problème d'accès au Secondaire. Des gens qui avaient abandonné leurs études secondaires au Burundi ont repris les études tandis que d'autres avaient suivi des formations les préparant au métier d'enseignement.

La Tanzanie aurait voulu que les enfants des réfugiés burundais suivent le programme d'enseignement tanzanien. Des négociations entre les intellectuels réfugiés et la Tanzanie auraient eu lieu sur ce point. Car les Burundais étaient conscients qu'un jour ils rentreront dans leur pays. Ainsi, la Tanzanie a dû céder sa position.

Des difficultés étaient nombreuses. Non seulement certains parents ne comprenaient pas l'importance et l'avenir de ces écoles, certains élèves et écoliers ne le comprenaient pas non plus. Pour ce fait, les élèves pouvaient abandonner l'école. Il suffisait que la ration alimentaire des Humanitaires s'épuisait avant deux semaines[55]. Sans avoir mangé, l'enfant ne revenait plus à l'école. Au contraire, il accompagnait ses parents, chez les Tanzaniens avoisinant le camp, pour des travaux manuels qui s'exécutaient contre les vivres. C'est pourquoi le taux de scolarisation est restait très bas dans ces camps des réfugiés. D'une façon générale, dans les camps de réfugiés, sur 34 413 jeunes réfugiés, seuls 358 accédaient à l'école secondaire.

C'est soit un taux de 1%, inférieur au taux de scolarisation au Supérieur du Burundi qui est déjà plus bas au monde[56], rapportait l'OAG en 2005.

---

[54]Entretien avec un ancien élève du camp des réfugiés.

[55]Dans les périodes normales, après deux semaines, les Humanitaires distribuaient des vivres.

[56]Observatoire de l'Action Gouvernementale (OAG), Evaluation de la politique sectorielle de rapatriement, de réinsertion et de réhabilitation des sinistrés au Burundi, Bujumbura, mai 2005, p.23

De même, pour les Blancs des ONG, l'école était vue comme une perte de temps. Les agents des ONG responsables des camps des réfugiés qui cherchaient à savoir le bien-fondé de ces écoles recevaient comme réponse : « Le plus important c'est ce qu'on sait pour s'imposait dans la société »[57]. On allait jusqu'à demander si le président de l'époque Pierre Buyoya reconnaîtrait les diplômes des lauréats des camps des réfugiés. L'ancien responsable de ces écoles leur répondait : « Au cas où ils auront des compétences requises, il leur octroiera de l'emploi »[58].

Les écoliers et les élèves burundais ont suivi le programme du gouvernement du Burundi. C'est pourquoi, il faut le souligner, l'intégration des enfants rapatriés été, pour la plupart des fois, facile. On a vu, parmi les anciens écoliers et élèves des camps qu'il y avait de bons élèves après leur intégration dans les écoles burundaises. Ainsi, avec cette intégration facile des enfants réfugiés dans les écoles burundaises, les parents et les élèves ont fini par comprendre l'importance de ces écoles. La conséquence de cette compréhension a été le gonflement des effectifs des écoliers et élèves dans les camps.

D'autres difficultés sont liées aux manques d'infrastructures et d'équipements. Au début de l'enseignement proprement dit au camp de Kitali, le HCR a mis en place des tentes comme salles de classe. Les enfants en âge de commencer l'école primaire et ceux qui venaient d'interrompre les études au Burundi ont été inscrits. Cependant, les tentes demeuraient insuffisantes compte tenu du nombre d'enfants en besoin de bénéficier cet enseignement. Pour cette raison, certaines classes suivaient leurs cours en dessous de l'arbre. L'auteur lui-même a suivi les « cours de sous l'arbre ». C'est un « local » qui ne disposait pas de banc-pupitres pour les écoliers, ni de chaise pour l'enseignant. Dans les premiers jours, des leçons ont été enseignées à l'oral faute de tableau noir. Après un certain temps, le NPIA (Norvegian Peoples Aid) a donné l'aide des tableaux noirs qu'on suspendait sur le tronc d'arbre.

Quiconque peut déjà s'imager ce qui arrivait s'il advenait que la pluie tombe : « Quand il pleut, on n'avait qu'à rentrer à la maison », raconte un ancien élève du camp. Les écoliers s'asseyaient sur des ibisindu[59]ou des pierres à peine couvertes de paille.

---

[57]Entretien avec un ancien responsable des écoles aux camps des réfugiés, Giteranyi, le 23 avril 2020

[58]Idem

[59]Nom kirundi qui signifie Masse de terre de forme ronde rassemblée par les termites et constituant leurs habitations.

Un autre obstacle de taille à l'implantation de l'école secondaire ou l'encadrement Post-Primaire venait des activistes politiques. Ceux-ci voyaient en cette école des manœuvres d'empêcher ces jeunes de participer activement dans des activités politiques clandestines qui leur permettraient de regagner leur pays. En effet, le réfugié avait compris que pour rentrer au Burundi, il fallait user tous les moyens, y compris la voie des armes au cas échéant. Or, la rébellion recrutait parmi ses mêmes jeunes élèves. Beaucoup ont a abandonné l'école pour participer entièrement à ces activités.

L'année 1997 a connu un autre événement ayant bouleversé certaines structures : le transfert des réfugiés burundais du camp de Kitali vers celui de Lukore d'où les Rwandais venaient d'être rapatriés par force. Ils avaient été tous chassé de la Tanzanie par une décision du gouvernement tanzanien. Les motivations de cette décision seraient d'empêcher les réfugiés rwandais qui comprenaient des militaires de l'ancien régime d'user du sol tanzaniens pour attaquer le Rwanda ou que le Rwanda ne lance des attaques préemptives pour déstabiliser ces camps de réfugiés comme ce pays l'avait fait en 1996 au Zaïre (l'actuelle RDC)[60].

Là, les conditions d'enseignement allaient s'améliorer. En effet, les Rwandais venaient d'y passer quelques années. Les ONG y avaient construit des écoles. Ces salles de classes ont été cédées au profit des réfugiés burundais. Les réfugiés burundais ont procédé aussi à la construction des écoles en briques adobes fabriqués par les élèves eux-mêmes. Des ONG y ont contribué en donnant des tôles et tentes. Cet événement a contribué à l'augmentation du matériel pédagogique. Ici, on peut noter les livres que les Rwandais utilisaient dans l'enseignement qui ont été récupérés dans les bibliothèques des écoles des réfugiés burundais. Il est aussi dit que l'organisation NPIA a pris l'enseignement en main. Mais, au camp de Lukore, NPIA a servi pendant quelques mois et l'African Education Fund (AEF) a pris la relève.

Désormais, contrairement au camp de Kitali, les enseignants touchent une certaine somme d'encouragement petite soit-elle. Quant aux parents, ils doivent payer 1000 shilings tanzaniens pour faire fonctionner l'école et payer l'enseignant. Cette somme n'était pas moindre car, pour l'avoir, il fallait commercialiser la boisson du maïs, vendre du bois de chauffage, ou être un employé des ONG.

Ici, l'auteur se rappelle du défilé matinal des écoliers qui chantaient des chants louant la beauté du Burundi et la nostalgie qu'on avait pour le pays.

---

[60]Témoignage d'un ancien réfugié anonyme.

Ceci reste un des actes civiques qui ont caractérisé les enseignants des camps. Certes, ils gardèrent le courage d'aimer leur pays et de le faire aimer aux jeunes générations. Il semble qu'on comprend beaucoup plus la beauté de son pays quand on est à l'étranger. Et surtout quand on est dans cette situation d'être appelé étranger non pas par sa propre volonté mais à cause de la guerre ou de la persécution. D'ailleurs, les Tanzaniens appelaient les réfugiés, en leur langue sahwili, des « wakimbizi »[61]. Ce nom lui-même rappelait à tout en chacun qu'il n'était pas chez soi. Malheureusement, les chants qui glorifiaient le Burundi qu'on apprenait aux écoliers sont en voie de disparition au Burundi.

Un observateur avisé peut se demander si cette disparition des chants serait due aux horaires des cours surchargés qui ne laissent pas aux enseignants et écoliers ce temps plus précieux d'apprentissage passif du civisme à travers les chants.

Ce projet de l'enseignement des réfugiés de Lukore a bénéficié la collaboration d'autres camps des réfugiés burundais de la Tanzanie à l'époque. Un groupe rassemblant ces camps a été créé. Se faisant, on se rencontrait pour choisir les mêmes évaluations afin de livrer aux élèves les certificats du tronc commun (10ème année à l'époque). Avec la fin du Tronc Commun, un nouveau besoin du cycle supérieur apparaît. Dans ce sens, on créa la section Lettres Modernes à Lukore et la section Normal à Rumasi/Lukore B. Cette dernière fut combattue par le fait qu'il fait distraire les élèves en les empêchant de poursuivre l'enseignement supérieur. Ainsi, une année a été blanche pour cette section. Mais, par après, la section a vu le jour. Mais, avec le rapatriement, vers 2003, elle sera transférée à Lukore suite à la carence des enseignants qui rentraient au pays.

Avant de mettre fin à ce point, signalons que les ONG ont fait tout pour Stimuler[62] les élèves et les écoliers en les faisant entrer en compétition. Ainsi, pour l'école primaire, à chaque fin d'année scolaire, une journée pour donner les prix aux meilleurs écoliers de l'année s'organisait. Cela était un stimulant fort pour pousser les écoliers à suivre les cours avec intérêt. Vers les années 2000, l'éducation de la fille était encouragée par les dons des pagnes, et d'autres choses pour les stimuler à l'éducation. Dans le même contexte, les meilleures écolières après le concours de 6ème, bénéficiaient d'une bourse pour aller entamer l'école secondaire à BENAKO.

---

[61]Mot swahili qui vient du verbe kukimbiya qui signifie fuir, évader. Wakimbizi, pluriel de Mkimbizi est donc presque l'équivalent de réfugiés.
[62]Complément d'information reçu de J. M.

Mettons un point sur cette section en soulignant que cette école des camps a formé plusieurs lauréats des humanités générales qui ont suivi les formations universitaires au Burundi ou dans d'autres pays comme la Tanzanie, le Kenya, Bénin, la Belgique, etc.

IV.2. Le culte : un Dieu omniprésent

Selon le pasteur Alexandre Amazou, les hommes doivent toujours prier sans relâche pour 7 raisons[63]. De prime à bord, parce que tout ce qui est vital et éternel ne revient à l'homme que par la prière. Deuxième raison, pour être agréable à Dieu, il faut l'exercice de la foi (prière). Troisième raison, la prière est vitale dans le sens que c'est à travers elle que l'homme échange avec Dieu et lui donne accès à son monde. Quatrième raison, par la prière, l'homme vainc dans ses entreprises et sur ses ennemis. Cinquième raison, la prière prépare l'homme pour les batailles futures (…). Sixième raison, la prière rapproche l'homme à Dieu et lui communique le surnaturel. La septième raison, la prière établit le contact entre Dieu et l'homme et cette première lui donne accès légal à la vie de l'homme et sa destinée.

De ce qui précède, le réfugié avait mille et une raisons de prier. Cela devient possible grâce aux religions qui surgissent dans les camps. D'abord, l'Eglise catholique puis d'autres églises. Pour cette première, le rôle des missionnaires blancs aurait été plus déterminant.

Ceux-ci, fuyant le génocide qui ravageait le Rwanda, ils ont poursuivi leur mission d'évangélisation dans les camps des réfugiés. La première paroisse se trouvait à Benako. Petit à petit, le Diocèse de Rurenge (région plus proche de la province Muyinga) envoyait des prêtres pour aider les chrétiens burundais des camps. Des fois, l'Evêque de Rurenge lui-même participait aux fêtes religieuses dans le camp. Un prêtre du nom de Kanahani, au cours de sa mission dans les camps, a fini par devenir un ami intime des Burundais ; même actuellement ils se rendent visite[64].

Après, il eut une tornade de naissance des églises protestantes. Celles-ci étaient fondées par les anciens pasteurs et d'autres hommes qui avaient joué un rôle dans ces églises avant de fuir. A l'intérieur des camps, maintes églises y étaient érigées. Cela aurait-il constitué une solution aux multiples

---

[63]Emcitv.com consulté le 11 octobre 2020 à 11h 31'
[64]Entretien avec E.I., Muyinga le 18 avril 2020.

difficultés des réfugiés ? Seulement les conditions de vie des réfugiés les conduisaient à tout prix à la recherche du salut. Du coup, mettons en exergue que cette proliférations des religions et sectes n'a pas manqué des spéculations pécuniaires car, à côté de la satisfaction des besoins de ses fidèles, le pasteur aurait pu vivre au dépend de ses fidèles. Ces spéculations pourraient conduire à des schismes au sein d'une église et les églises protestantes se multipliaient davantage.

IV.3. La vie culturelle

La vie culturelle des Burundais n'a pas beaucoup changé. En effet, les contacts entre les Tanzaniens et les Burundais réfugiés étaient limités. Les réfugiés n'étaient pas autorisés à dépasser 4km du périmètre du camp. Pendant les vacances scolaires, les enfants pouvaient sortir du camp ; de cette façon, ils apprenaient le Swahili. Cependant, les enfants nés dans les camps des réfugiés, à leur rapatriement parlaient convenablement le Kirundi.

Du point de vue langagier, des mots nouveaux ont été utilisés par les réfugiés. Ces mots sont forgés par néologisme. Voici une liste des mots fréquemment utilisés : namuhaye (petit gobelet équivalent au tiers d'une bouteille de 72 cl), Rumarinkwi (haricot « périmé » sans goût et difficile à cuire, une fille « déculturée »), umutiritiri (bière de maïs), umugorigori (bière de maïs), kubaka (une des étapes de la préparation de la bière de maïs), gasaraba (quelque chose qui n'a plus de valeur ou une fille « déculturée »), burende (maisonnette couverte de paille ou de bâche dont les parois présentent une forme demi-circulaire), umudingido (bière de maïs non encore tamisée), etc.

Les danses restaient celles auxquelles on est habituées au Burundi. Mais, ce qui est très important, le camp a été un lieu de rencontre des Burundais provenant de presque toutes les provinces du Burundi. Pour dire que chacun a apportait sa pierre d'édifice pour sauvegarder la culture burundaise. Culture dans laquelle on devrait éduquer la jeunesse burundaise réfugiée. Donc, avec des spécialisations régionales au niveau des danses, le camp a été une « occasion » de rapprochement de ses spécificités localisées. Les danses qu'on y rencontrait étaient : intore, ingoma, akanyarusizi[65], umuyebe, agasimbo et les

---

[65]Danse faisant référence aux oiseaux trouvés aux environs de la Rivière de la Rusizi dans la région de l'Imbo. Dans les camps des réfugiés, les enfants appelaient cette danse « kinyoni » car tous les gestes posés par l'individu partant le masque ayant une forme d'oiseau font référence aux

danses féminines. Il existait aussi une multitude de chansons. Mais, au niveau des chansons quelque chose a changé sur son contenu selon l'interlocuteur ou le destinataire du message. On sait que certaines chansons burundaises utilisées lors des festivités ont des contenus spécifiant la fête ou autres choses relatives à cette fête. Les chansons peuvent évoquer aussi les noms des personnalités. Bien souvent, il s'agit d'une transmission d'un message quelconque : doléances, plaintes, reconnaissance, etc. Dans les camps des réfugiés, les chansons pouvaient s'adresser à un individu, soit à une institution comme les ONG ou le gouvernement tanzanien, etc., ou parler de la vie socio-culturelle tout cours. Ce sont ces éléments ci-haut énumérés que j'appelle interlocuteur.

Dans les camps, les réfugiés reconnaissant l'autorité du gouvernement tanzanien, du HCR et d'autres ONG, des organisations considérées comme providentielles, celles-ci deviennent le principal interlocuteur des réfugiés. Ce sont ces ONG « providences » qui garantissaient et réglementaient presque tout. Elles donnaient à manger, les soins de santé, les tentes pour le logement. Elles participent activement à l'enseignement et assurent la sécurité des réfugiés. Ce sont elles qui donnent garantie de rester dans les camps, aussi longtemps que les choses ne seront pas normalisées au Burundi. Mais tout cela se faisait à travers l'Etat tanzanien. Pour cette raison, dans les chants, on devait y insérer des mots évoquant le rôle capital des ONG humanitaires pour la survie des réfugiés. Cette façon de faire donnait sens aux messages que les réfugiés voulaient transmettre. C'étaient surtout des messages de gratitude et de remerciement.

Les jeux aussi n'ont pas été beaucoup changés. On compte : le football, basquet Ball, volley ball, horo, nage, ikibuguzo, athlétisme, acrobatie, jeux aux cartes, plus tard on fera le karaté[66], etc. Pour le football, plusieurs équipes avaient été mise en place : Arabes, Toulouse, Onze rapides, Kiyago FC, Mwamba Star. Les joueurs les plus « célèbres » étaient notamment : Gatoto, Mashugwe, Parole, Ruhema, Mayunga, etc. Aussi, des championnats scolaires ont eu lieu ; de même que des matchs opposant les blancs des ONG et les réfugiés burundais. Ces jeux ont été des grands rassembleurs d'individus car le jour de match, le terrain était entouré d'une grande masse.

---

gestes des oiseaux.

[66]Certains exercices sportifs et le caraté sont liés à l'expansion des fils américains, chinois et japonais. Il est dit que ce sont les Rwandais qui s'impliquer beaucoup dans l'enseignement du caraté.

Ainsi, plusieurs journées culturelles étaient organisées. C'étaient une occasion d'épanouissement pour les réfugiés. Des journées internationales étaient aussi des jours fériés dans les camps : le 16 juin (journée mondiale de l'enfant africain), le 1ᵉʳ mai (journée internationale du travail et des travailleurs), le 8 mars (celle de la femme), etc.

On ne peut pas oublier que le film a occupé beaucoup de jeunes dans les camps. Ils prenaient du temps pour assister aux films de karatés, de kungfu et d'autres films américains et chinois. Le film a concurrencé l'école dans les camps car certains enfants étudiaient difficilement à cause du film. De là, est né une volonté chez les jeunes de développer l'amour du sport en jouant au karaté. Ce sont ces moments de plaisirs et de loisirs qui amenaient le réfugié à se ressentir humain en dehors de chez soi.

En ce qui concerne les pratiques funéraires, les camps n'ont pas arrangé les choses. Les principales pratiques réalisées dans ce domaine sont surtout l'inhumation des morts et le deuil. Le premier cimetière se trouvait tout proche d'un endroit appelé Kumunazi pour Rukore et l'autre vers Gapfuha pour Rumasi, juste à côté du centre de santé. Pourquoi ne pas faire toutes pratiques liées à la mort ? Un des anciens réfugiés explique :

> « Pour notre cas, pour les membres de notre famille décédés au camp, à notre arrivée au pays, on a dû faire un lever de deuil collectif. On n'a pas fait au camp ni le lever de deuil partiel ni celui définitif en raison d'autres préoccupation de la vie »[67].

Ici, par préoccupations de la vie, il faut entendre surtout l'insuffisance des moyens de subsistance. A cela, il faut en plus ajouter que certaines familles étaient dispersées dans plus de deux pays. Il devenait donc difficile de rassembler les membres de la famille.

On ne peut pas ignorer que les ONG enseignaient aux réfugiés le respect des droits de l'homme en l'occurrence les droits de la femme. La femme n'est pas créée pour être malmenée, traumatisée ou frappée. Pour les jeunes et les enfants, on avait mis en place un Centre-Jeunes (Youth Center). Ici, les jeunes y apprenaient la façon de se protéger contre le VIH/SIDA, les métiers, les jeux, etc. Des missionnaires féminins ont implanté la Radio Kwizera (cela signifierait Radio Espoir) pour permettre la communication entre les réfugiés et les Burundais restés au pays. Cette radio émettant à partir de Ngara en Tanzanie

---

[67] N.A., Bujumbura, le 6 juillet 2019

donnait des informations des camps des réfugiés et celles du Burundi. Elle donnait aussi, pour les réfugiés, l'occasion de saluer les leurs se trouvant au camp des réfugiés, au Burundi et dans d'autres pays. Un des réfugiés confesse que l'émission « Tuyage Twongere » aurait pour origine à cette radio avec la journaliste Appolonie Dusabe[68].

---

[68]Un ancien élève des camps des réfugiés, Muyinga, le 26 avril 2020S

5

REFUGIE : VERS LE RETOUR AU PAYS NATAL

Juste quelques 2 ou 3 années du camp, les premiers réfugiés étaient déjà fatigués des conditions misérables des camps des réfugiés. Ils ont commencé à penser comment regagner leur pays. Et cela, avant que le HCR n'y ait pensé. Quelques-uns sont rentrés sans consulter le HCR. Cela pour plusieurs raisons. On peut retenir le dégoût de la vie difficile ou de vivre à l'étranger. Certaines femmes ayant des maris qui étaient en prison depuis 1993 ou 1994 étaient toujours aversives de toute chose. Il reste à savoir si, pour paraphraser René Descartes, en employant trop de temps à voyager (comprendre ici vivre à l'étranger), on ne pouvait pas devenir étranger en son pays.

Photo 8 : Camions de l'UNHCR transportant des réfugiés : https://www.unhcr.org/fr

Source : UNHCR, *Rapatriement volontaire dans la région des Grands Lacs et en Afrique centrale*, mars 2004. La photo montre les camions de l'UNHCR transportant des réfugiés burundais qui arrivent au centre de transit de Gisuru dans le convoi pilote en provenance de la Tanzanie.

V.1. Retour au pays : une psychose de peur liée à une mémoire blessée

Les réfugiés qui avaient vécu le calvaire de la période de la crise avaient une psychose de peur de regagner le pays. Certains réfugiés avaient vu les leurs ou leurs voisins et parents tués. Imaginez un orphelin grandi au camp à qui on avait raconté la mort de ces parents tués, d'un (e) veuf ou veuve qui a perdu son conjoint. Ils savaient aussi que leurs maisons avaient été détruites, leurs champs s'étaient transformés en brousse. Ainsi, il était donc difficile de convaincre les réfugiés sur ce point. Certains réfugiés entendaient dire que leur boulots étaient devenus des administratifs. D'autres encore se méfiaient de ceux qui avaient pillaient leurs biens car certains victimes et bourreaux se connaissaient l'un et l'autre comme le précise un des réfugié : « Il nous était difficile de rentrer chez nous car nous considérions ceux qui étaient restés au pays comme des tueurs des nôtres et des pilleurs de nos biens »[69].

Pour convaincre ces milliers de réfugiés, il a fallu d'abord que le gouvernement burundais planifie une sensibilisation. Ainsi, des visites dans les camps des réfugiés ont eu lieu. Notre informateur serappelle de celui du Vice-président de l'époque Frédéric Bamvuginyumvira et des administrateurs notamment Melchior Butoyi de la commune Giteranyi[70]. Dans la province de Muyinga, ces deux hommes étaient considérés comme des sages sans « reproches flagrantes » par rapport à la crise ; pour dire qu'ils pouvaient trouver des arguments convaincants. Ces administratifs et ceux des autres provinces non citées ici avaient le devoir d'expliquer aux réfugiés que la sécurité était garantie pour tout citoyen burundais qui voulait regagner le pays.

Aussi des médiateurs ont effectué des visites dans la même logique : Mwalimu Julius Nyerere avant sa mort et Nelson Mandela. De même, du point de vue politique, les CNDD-FDD avaient commencé des négociations avec le gouvernement burundais. Eux-mêmes avaient grand-chose à dire pour convaincre les réfugiés que la sécurité était une réalité au Burundi.

En plus, certains réfugiés effectuaient des « visites clandestines[71] » au Burundi pour se rendre compte que la paix et la sécurité clamées étaient une réalité. Il y en a même qui ont cultivé leurs champs au cours de ces « visites clandestines ».

---

[69]Entretien I.E. un rapatrié de l'époque.

[70]Entretien avec M.F., Bujumbura, 23 juin 2019

[71]En réalité ce n'était une visite clandestine car tout citoyen avait droit à son pays. Cette visite devenait clandestine dans la mesure où celui qui était attrapé était accusé d'être rebelle communément appelle à l'époque « umwasaya ».

Sur ce point un enfant d'un rapatrié nous raconte : « Ma mère est venue au Burundi deux fois successives (qui correspondent à deux saisons culturales) pour cultiver nos propriétés foncières, puis elle regagnait le camp »[72]. A leur retour au camp, ceux-ci participaient aussi indirectement, à la sensibilisation pour le rapatriement car leurs témoignages étaient partagés.

Dans les années 1997 et 1998, quelques réfugiés rentraient librement pour des raisons diverses. Mais, avec la famine de 2000 accompagnée d'autres rumeurs d'une probable crise plus sanglante que celle qui était en cours, des rapatriés ont regagné les camps de réfugiés en Tanzanie. Mais, à partir de la fin de l'an 2000, après la signature de l'accord d'Arusha, le rapatriement fut effectif. D'autres rumeurs auraient contribué au rapatriement comme celle de puiser le sang (kuvoma amaraso) dans le corps d'un homme vivant. Il était dit que quand on sortait du camp des réfugiés, des malfaiteurs « vendeurs de sang », à l'aide d'une aiguille, vider du sang dans le corps humain et la mort s'ensuivait. Un réfugié qui sentait que partout la mort est imminente prenait une décision de rentrer au pays.

Une autre motivation qui n'est pas le moindre est l'expulsion manu militari des réfugiés rwandais de la Tanzanie. Ce rapatriement forcé leur avait laissé une leçon même si l'homme apprend difficilement de l'histoire. Mais, pour quelqu'un qui avait vu les Rwandais rentrer à pied, se disperser dans les brousses de la Tanzanie sans prendre leurs effets, ou chercher un autre pays hôte sans le trouver, il avait à craindre. Les parents rwandais ont abandonné leurs enfants dans les brousses. Ils ont laissé des champs pleins de cultures qu'ils devraient récolter. Voulant se diriger vers l'Afrique australe, ils ont été retournés vers le Rwanda. On ignore leur sort. Les Burundais avaient donc une leçon.

Convaincus, les réfugiés rentraient au pays natal par leur volonté. Le HCR se chargeait de toute la logistique. Il s'agit d'un rapatriement organisé. D'ailleurs, au Burundi, on a parlé de la politique de rapatriement et d'insertion des rapatriés. Une famille, prête à être rapatriée, se faisait inscrire au HCR. Après inscription, le HCR affichait les listes des inscrits pour vérifier les erreurs. Le rapatriement était volontaire. Un membre de la famille ne voulant pas rentrer alors que ses parents l'avait fait inscrire à son insu sur les listes des réfugiés à rapatrier pouvait faire le recours. Ainsi, on le rayait de la liste et il restait au camp attendant. Plus tard, pour encourager le rapatriement, en plus des vivres et du matériel ménager, le HCR donnait 50 000 Francs burundais à

---

[72]Entretien avec I.E. un ancien rapatrié, le 22 avril 2020

chaque réfugié.

Arrivés au Burundi, les rapatriés étaient accueillis dans les centres d'accueil aménagés pour cette fin. Dans ces centres, ils recevaient l'aide du HCR estimé sur une échéance de trois mois. Cette aide composée de vivres et matériel ménager est supposée qu'elle pouvait arriver à la récolte. Presque tous les rapatriés apprécient le chaleureux accueil des Burundais de leur voisinage contrairement à ce qu'ils pensaient avant le rapatriement.

Des couples mixtes (époux hutu et femme tutsi ou vice versa) et d'autres considérés comme trop traumatisés par la guerre ont craint de retourner au Burundi. A ceux-ci, il faut ajouter les familles des minorités Batwa. Les ONG les ont aidés à demander asile au Canada, en Amérique et en Australie. Ici aussi, quelques cas de makanaki en ont eu lieu.

V.2. Regagner le pays avant la signature des accords d'Arusha : être appelé « umuroberi »

Dans la région du nord-est les affrontements entre les rebelles et les FAB semblaient avoir cessé légèrement avant par rapport au reste du pays. A partir de 1997, certains aventuriers regagnaient le pays. A cette époque les agents du HCR de la Tanzanie ne s'impliquaient pas dans le rapatriement comme nous l'avons évoqué. Ceux qui rentraient au pays devaient se prendre en charge jusqu'à la frontière burundaise. Toutefois, à partir de la Frontière, le HCR se chargeait du reste.

Cette période était très dure. Les traces de la destruction du Burundi étaient vraiment réelles : les restes des maisons détruites, les champs envahis par la brousse. Les feux de brousse fauchaient plusieurs kilomètres sur les collines pendant la saison sèche. Des collines jadis embellies par des cultures et des habitations étaient dégradées, on ne pouvait entendre que des sons des oiseaux. Des sentiers sont disparus ou plus rétrécis par la brousse qui les a envahis. Ici, on n'oublie pas des rumeurs omniprésentes des attaques éventuelles ou du passage des rebelles dans la région pouvant provoquer une « opération militaire ». Mais, une des plus grandes difficultés que les rapatriés d'avant les Accords d'Arusha ont surtout endurées, c'est d'être appelé des rebelles. Surtout étaient visés les jeunes hommes. Pour cette raison la plupart des rapatriés étaient des femmes, des enfants et des hommes commençant à prendre de l'âge. Ceux-ci aussi étaient des fois assimilés aux pères et mères des rebelles. Les parents qui avaient des enfants participant dans la rébellion ne le révélaient à personne ; même à ceux qui sont supposés être plus proches.

Cette question se trouvait au cœur de la problématique de la politique de rapatriement. C'était un des plus grands défis du Gouvernement burundais de l'époque pour réussir le rapatriement des réfugiés hutu. Ce rapatriement des réfugiés n'était pas moins lié à la réinsertion des déplacés de l'intérieur du pays à majorité tutsi. D'une part, les déplacés de l'intérieur souhaitaient le retour de tous les réfugiés de l'extérieur. Pour les déplacés, le rapatriement de réfugiés constituait une garantie de leur sécurité. C'était donc une condition de retour dans leurs propriétés. Aussi longtemps que les réfugiés ne sont pas rentrés, les déplacés ne seront pas prêts à regagner leurs collines. En effet, ils considéraient quiconque se trouvant en Tanzanie comme un rebelle ou au moins un complice des rebelles et donc un danger de mort potentiel. D'où la peur à regagner leurs ménages ou leurs collines natales. Les réfugiés quant à eux conditionnaient leur décision de rentrer par la disparition des sites de déplacés[73]. Pour cette raison beaucoup de réfugiés qui se trouvaient dans les camps de la Tanzanie ont dû trainer les pieds en attendant l'évolution politico-sécuritaire du Burundi.

---

[73]NGAYIMPENDA E., *Op.Cit.*, p. 43

6

IMPACT SOCIO-ECONOMIQUE DE LA VIE DES CAMPS SUR LE BURUNDI

VI.1. Le Burundi vu à l'image d'un village

Comme je l'ai écrit en haut, les crises qui ont provoqué des mouvements de population vers le camp de réfugiés ont occasionnés la rencontre des Burundais venant de plusieurs provinces du pays. Cela ne pouvait pas aller sans engendre d'autres conséquences dans la vie dans la façon de vivre des Burundais. Cette rencontre a accru les relations sociales des Burundais. Désormais, le Burundi devient une sorte de village où « tout le monde connait tout le monde ».

Avant la crise, sauf les commerçants et ceux qui avaient passé au banc de l'école, il semble que les Burundais ne voyageaient pas beaucoup sauf les gens de Kayanza et de Ngozi qui pouvaient se déplacer d'une province à l'autre à la recherche des terres au nord-est du Burundi depuis les années 1960[74]. D'autres Burundais qui se déplaçaient étaient des éleveurs de certaines provinces à la recherche du pâturage. N'ont-ils pas raconté des éleveurs de Muramvya qui ont été surpris par la crise de 1993 lors de la transhumance dans la région de Mutaho en province Gitega. Le reste de la population restaient fixé dans sa commune ou province d'origine.

Il est aussi dit que les régimes qui se sont succédé n'auraient pas facilité les voyages des Burundais en dehors du pays en leur refusant des documents de voyage tels le passeport, laissez passé et autres. Pour les gouvernants, dit-on, il fallait enfermer les populations à l'intérieur du pays pour qu'ils ne se rendent pas compte de la vie ailleurs et devenir difficile à contrôler comme le dit un dicton Kirundi : « Ingenzi y'amayira niyo nzanyi y'amazimwe ». Ainsi, cette

---

[74]NDAYISENGA Apollinaire, *La crise de 1972 en province de Muyinga*, mémoire de licence, U.B., Bujumbura, 2016, p. 87

ignorance des modes de vie d'autres peuples serait une source de la docilité de la population burundaise pour se laisser à contrôler et exploiter facilement[75].

Mais, dans les camps des réfugiés les Burundais de la région nord se sont retrouvés cohabités avec ceux du sud, du centre, de l'est, de l'ouest, etc. et vice versa. Ainsi, les relations tissées ont été renforcées d'avantages par des échanges sociaux surtout des échanges matrimoniaux. Les filles du sud se sont retrouvées ayant été épousées par les hommes du nord, celles d'est par ceux de l'ouest, ainsi de suite. Ainsi, plusieurs mutations ont eu lieu du point de vue social.

Après leur retour au Burundi, les visites sont organisées entre ces familles liées par des liens matrimoniaux. En même temps, lors de l'installation des réfugiés dans la politique d'installation et de réinsertions des rapatriés, il y en a qui ne se sont pas dirigés vers leurs provinces d'origines. Ceux-ci contribuent au développement des relations entre les Burundais de la province d'origine et ceux de la province d'accueil.

Tous ces phénomènes ont permis que le Burundi soit vu sous une autre image. Certaines mentalités burundaises ont changées. Les Burundais de différentes provinces se sont vus étant de plus en plus rapprochés qu'auparavant. Vivant dans des provinces différentes, ils peuvent facilement se rendre visite qui renforcent les liens sociaux, liens résultant des années vécues aux camps des réfugiés. Subséquemment, de par ces liens tissés auxquels il faut ajouter le développement de moyens de communication très poussés au XXIème siècle et plusieurs autres facteurs, le Burundi est devenu comme un petit village.

VI.2. Essor d'un sentiment de vivre en village

Le camp est un « bon maître », disait-on[76]. Les Burundais ont appris beaucoup de choses lors de cette période comme nous allons le voir dans les lignes ci-dessous. L'une de ces nouveautés, c'est le vivre en agglomération dans les camps des réfugiés.

---

[75]Nous avons entendus, dans les camps de réfugiés des Rwandais dire aux Burundais : « Uri ikicyucyu » peut-être pour évoquer cette docilité.

[76]Ce qui se traduit en Kirundi probablement par : « Ubuhungiro burigisha ».

Certes, cette grande agglomération était subdivisée en villages dont les noms correspondaient aux lettres de l'alphabet. On y trouvait Village A, Village B, Village K, Village II, pour ne citer que ceux-là. Cette sorte d'habitat regroupé diffère de l'habitat dispersé auquel on était habitué au Burundi. En fait, avant la crise, bon nombre de Burundais vivaient chacun dans sa propriété foncière qu'il exploitait lui-même. C'est ce qu'on appelle Urugo en Kirundi. Dans cette propriété foncière plus ou moins étendue, on s'entourait de champs de cultures variées autour du Rugo : les cultures vivrières. D'autres champs étaient éloignés de son habitation avec parfois de réserves pour le pâturage. Donc, on pouvait remarquer que les genres de vie traditionnelle au Burundi n'avaient pas encore disparu malgré certaines modernisations.

Dans les camps, la vie se menait dans une agglomération de maisons séparées de quelques mètres seulement. C'est pour dire que les gens restaient en contact à tout moment. La vie n'était pas donc autarcique car il s'agissait d'une communauté où les gens sont plus rapprochés. Au début, cette vie était inhabituelle, mais avec le temps, on a fini par s'y adapter.

L'habitude est une autre nature, dit l'adage français. Cela étant, à leur arrivée au Burundi, les rapatriés ont plus préféré vivre dans de sorte de petits villages communément appelés « centres » plus concentrés sur les routes. Ceux-ci se sont développés le long des routes sur les chefs-lieux des communes, des zones ou simplement sur les collines.

Là, ils y rejoignaient d'autres burundais qui avaient choisi vivre dans des groupements sur les routes peut-être pour des raisons de sécurité. Une autre caractéristique de cet habitat est que les maisons sont de formes carrées sans enclos.

Pour ce genre d'habitat, la province de Muyinga, surtout dans la commune de Giteranyi, peut être un bon exemple. Cela est dû au fait que cette province est l'une des provinces ayant accueilli beaucoup de rapatriés.

Cet habitat regroupé comporte certains avantages. C'est entre autres l'accès faciles à des infrastructures comme l'eau potable, les écoles, l'électricité, etc. Le regroupement de l'habitat facilite aussi l'entraide et la création des associations de développement. Ce rapprochement a pu aussi développer le commerce.

Photo 9 : Village du camp des réfugiés

VI.3. Développement de certaines pratiques : boissons et nourritures

Chaque nouveau mode de vie exige une adaptation, un passage obligé. La vie au camp ne pouvait pas passer sans laisser ces traces dans les pratiques des réfugiés. Du point de vu alimentaires des nouveautés sont apparues. Il fallait d'abord chercher comment obtenir certains produits substituant ce dont l'on ne disposait pas. Ces produits de substitution devaient être fabriqués à partir de peu de produits disponibles dans les camps. Ainsi, on a remplacé la bière de banane ou urwarwa[77] et la bière de sorgho ou impeke[78], il y eu des innovations.

A partir du maïs, on fabrique la boisson appelée « umugorigori » ou « umutiritiri »[79]. La boisson serait apparue pendant la crise. Pour rappel, le Burundi, surtout dans les provinces du nord et du nord-est, avait accueilli les réfugiés hutu rwandais en 1994 pendant le génocide. Cette boisson trouverait origine dans les camps des réfugiés rwandais. Les Burundais ont fui alors qu'à

---

[77]Boisson alcoolisée préparée artisanalement à partir des bananes amères.

[78]Boisson alcoolisée préparée artisanalement à partir du sorgo

[79]Umugorigori vient du mot ikigori en Kirundi. Ce mot kirundi, dans ce sens, montre qu'umugorigori est un dérivé d'ikigori (maïs). Umutiriri fait appelle au support des graines qui restent après égrainage.

peine ils commençaient à apprendre la fabrication d'umugorigori. A petit âge, l'auteur en avait goûté chez sa grand-mère maternelle en 1994 à Kabogo, dans la commune Giteranyi de la province Muyinga. C'est une colline plus proche de la Tanzanie et entretenant avec cette dernière plusieurs échanges tant économiques que sociaux. Ceci peut faire penser que le premier fabricant de cette boisson aurait été un Rwandais. Une autre version qui semble plus véridique place l'origine de cette boisson dans la région de Bugufi ou Buhangaza en Tanzanie, une région qui, dans l'histoire, appartenait au Burundi. En effet, selon cette version, les burundais de la frontière avec la Tanzanie se rappellent que dès les années 1990-1991, cette boisson fabriquée à base du maïs existait. Cela c'est avant la crise rwandaise de 1994.

Cette boisson va faire son expansion dans les camps des réfugiés devenant première boisson alcoolisée consommée dans les camps des réfugiés en Tanzanie. Cette prépondérance d'umugorigori est due au fait qu'elle est fabriquée à partir de la farine de maïs (auquel on met comme ferment une petite quantité de la farine d'éleusines). Notons que le maïs est l'aliment de base des réfugiés.

La même boisson a fait objet de commerce dans plusieurs ménages et aux marchés des camps. Il parait que c'était le premier produit commercial dans les camps. A Rukole, l'unité de mesure d'umugorigori était des gobelets grand et petit. Le plus répandu des gobelets était le petit gobelet appelé « namuhaye » qui se traduirait probablement en Français par « Je lui ai donné ».

Le gobelet « namuhaye » est l'équivalent du tiers d'une bouteille. Son expansion dans le camp de Rukole serait liée à ses dimensions. Car il facilitait le partage des petites quantités de boissons entre plusieurs individus.

Aujourd'hui, dans les provinces de Muyinga, Kirundo et Karusi, on consomme beaucoup cette boisson. Les résidus de cette boisson constituent les aliments des poules, des porcs et des canards pour les éleveurs. Dans l'opinion de ses consommateurs, il est dit aussi qu'umugorigori serait riche en éléments nutritifs. Toutefois, dans les camps, umugorigori pouvait aussi être source de conflits familiaux. En effet, certains chefs de familles pouvaient s'adonner à la vente excessive des grains du maïs à l'insu de leurs épouses et enfants pour acheter cette boisson.

La fabrication d'umugorigori est proche de celle de la bière de sorgho. La première étape de cette préparation s'appelle « kubaka » et la matière qui en résulte est appelée « ikibako ». Ici, on met dans l'eau propre la farine de maïs pendant deux jours. L'étape suivante s'appelle « gushigisha » c'est-à-dire chauffer ce mélange de la farine et d'eau sous forme de bouillie. Cette cuisson se fait dans les fûts pour pouvoir produire des quantités considérables. Sur une bâche étendue à plat par terre, on laisse se refroidir cette matière visqueuse ou fluide. Entre temps, il faut disponibiliser une certaine quantité de farine d'éleusine qu'on utilise comme ferment. Cette action de mélanger « ikibako » avec le ferment s'appelle « kwenga ». La fermentation dure deux jours. Après fermentation, on obtient l'umugorigori appelé « umudingido ». A l'aide d'un sac qui joue le rôle de tamis, après une action de tamisage (gukânya), on obtient la bière de maïs vendue au marché et dans d'autres cabarets.

A partir de la boisson d'umugorigori, on fabrique aussi un distillé plus concentré connu sous les noms de « waragi » ou « gongo ». Ce distillé étaient fabriqué et consommé clandestinement dans les camps mais c'est aussi interdit sur le territoire burundais. Mais, peut-être qu'on en consomme toujours en cachette ou en complicité de certains administratifs locaux.

Plus tard, à Rumasi et Lukore où il y avait une espèce de plantes ayant des fruits comestibles appelé « amanazi », les réfugiés ont inventé une autre boisson. Celle-ci, n'ayant pas eu beaucoup de succès, a été abandonnée. La cause de cet abandon serait liée à la rareté de cette plante au Burundi. C'est une plante naturelle qui pousse surtout dans des terres non exploitées. Avec l'abattage, elle disparait rapidement. Egalement, sa croissance très lente exige d'attendre plusieurs années. D'où sa faible multiplication.

Photo 10 : Pancarte indiquant le marché

Cette photo montre une pancarte indiquant le marché de Lukole où on échangeait des vivres et d'autres produits donnés par les ONG. On y vendait aussi des produits en provenance des Tanzaniens, produits qu'on recevait contre un travail physique. On y trouvait également du bois de chauffage.

VI.4. Une occasion malheureuse d'échange de connaissances et de savoir-faire

VI.4.1. Echanges entre les réfugiés burundais eux-mêmes

Dans les camps des réfugiés presque toutes les régions du Burundi étaient représentées. Les réfugiés ont essayé de surmonter, dans le voisinage, leurs différences. Même s'il s'agit d'un seul peuple, quelques petites différences ne manquaient pas.

La vie en habitat concentré lui-même crée de nouveaux besoins comme le besoin d'échanger des produits. Ainsi, les réfugiés ont développé beaucoup l'esprit commercial. En effet, le fait de vivre dans une grande agglomération facilite le développement des échanges. C'est pour cette raison qu'à leur arrivée au Burundi, beaucoup préférait vivre dans des centres commerciaux ou dans des villages où le commerce était possible. C'est pour dire que le réfugié voyait son voisin comme étant son premier client.

Les gens ont pu développer leurs talents entrepreneuriaux dans ce sens pour se débrouiller dans des moments difficiles. D'autres ont développé un esprit de spéculation.

Mais, on ne peut pas aller sans dire qu'il y en a qui ont appris des ruses comme le makanaki, on l'a vu ci-haut. Les Burundais ont développé aussi un esprit d'audace et ils ont vaincu la peur. Un ancien réfugié donne un exemple :

> « *Jadis, un paysan burundais était timide quand il entrait dans un bureau. Actuellement ce n'est plus le cas. Les Burundais ont vaincu cette peur. Mais, quelques-uns exagèrent en manifestant une sorte d'infamie* »[80].

Un autre constat, les rapatriés ont fait montrer des gens plus ou moins « civilisés ». Par rapport à leurs voisins, au niveau de l'habillement, on pouvait

---

[80]Entretien avec un ancien réfugié de la commune Giteranyi, le 23 avril 2020.

s'apercevoir qu'ils étaient propres. Aussi, ils portaient des chaussures, à défaut des babouches dans les milieux paysans. Au niveau de l'hygiène, beaucoup d'entre eux, ont poursuivi les conseils des humanitaires des camps des réfugiés. Un petit exemple, pour les ustensiles ménagers, un bidon puiseur d'eau d'un rapatrié était différent de celui de ces voisins[81]. Mais, des fois, leurs voisins considéraient ces pratiques comme un moyen de se gonfler. Mais, malgré ce jugement de valeur, les traces de ces bonnes pratiques n'ont pas totalement disparu. Mais, il a eu un certain relâchement. Ce relâchement serait dû au fait que dans les camps, l'hygiène était de rigueur avec un suivi strict. Pour illustrer ce que j'écris, on l'a noté en haut, un bidon puiseur non bien lavé était dépouillé de son propriétaire comme sanction. Il s'agit d'une éducation de la population à l'hygiène. Tout n'était pas ténèbres, certaines pratiques méritaient d'être sauvegardées même au Burundi.

VI.4.2. Echanges entre réfugiés Burundais, les réfugiés rwandais et Tanzaniens

On peut se demander si les réfugiés burundais avaient à offrir aux Tanzaniens. La réponse est positive. Les Burundais ont « civilisé » les Tanzaniens dans le domaine vestimentaire. Les Banyambo vivaient une société presque primitive. Quand on se rendait à la recherche du bois loin du camp dans les brousses, on pouvait rencontrer des Banyambo nus ou presque. Ce peuple environnant le camp n'avait pas une habitude de porter les habits. Ceux qui essayaient de se vêtir se couvraient, surtout les femmes, avec un pagne seulement. Là-dessus, il y avait une interdiction de rire ou de se moquer d'eux au risque de ne plus pouvoir fermer la bouche. Vrai ou faux ? L'auteur n'en savait pas grand-chose. On comprend qu'ils ont appris des Burundais l'élégance vestimentaire.

Sur ce même point, les femmes et les filles burundaises ont appris des Tanzaniens des « villes » le port fréquent d'une jupe ou d'une robe. Sinon au paravant, une femme burundaise se rendant dans ses travaux champêtres pouvait facilement porter les pagnes qu'on appelle « invitano ».

Les Burundais ont montré aux Tanzaniens la manière de préparer la nourriture de façon plus ou moins « moderne ». Les Tanzaniens de cette région avaient l'habitude de préparer leur repas sans l'huile de palme ni l'huile de coton. Cependant, en entrant en contact avec les Burundais, ils ont imité ce savoir-faire. Ceci a été possible grâce au développement d'échanges des produits. Car, dans l'entourage de ces camps, il n'existait pas de marché au sens moderne du mot. Il semble que les échanges se faisaient par le troc. Dans cette région, les Burundais y ont introduit le commerce marchand. Ainsi, les Tanzaniens apprennent des Burundais le business et l'utilisation fréquente de la monnaie.

Au départ des réfugiés, les Tanzaniens ont récupéré les infrastructures des Burundais et des ONG qui œuvraient pour le bien-être des réfugiés burundais. Il ne faut pas perdre de vue, les réfugiés burundais comme rwandais et congolais n'ont pas eu seulement un impact négatif sur le pays de Mwalimu Julius Nyerere. Leur présence n'a-t-il pas permis la canalisation des actions d'ONGs internationales, des aides et des regards de la communauté internationale. Ce qui ne pouvait pas aller sans occasionner des conséquences positives sur ce pays.

Le pays de Mwalimu a donc bénéficié de cette présence des réfugiés. Ici, pour être plus claire, il faut considérer le développement spectaculaire des villes dans les régions où s'installaient ces réfugiés[82]. La ville de Ngara à titre exemplatif a considérablement prospéré à cette période ; beaucoup de véhicules de transport en commun que de véhicules privés, de maisons modernes construites par des commerçants ou les milliers de travailleurs d'ONG internationales, etc. Ngara[83] d'avant l'arrivée des réfugiés est tellement différent de Ngara de « l'après les réfugié ». De même que d'autres localités comme Benako, Kibondo (a Kigoma), etc. Aussi, les Tanzaniens qui ont œuvré dans les ONG sont devenus riches. Après le départ des réfugiés, les Tanzaniens seront partagés des espaces du camp de Lukore. Tandis que les infrastructures sociales comme les écoles et les centres de santé sont restés fonctionnels, un signe de développement socio-économique résultant de la présence des réfugiés dans certaines régions de la Tanzaniens où se trouvaient les camps des réfugiés.

On sait que les Burundais avaient beaucoup de choses à céder qu'apprendre des Tanzaniens. Les Burundais ont appris des Tanzaniens surtout la langue Swahili, pour ceux qui s'y sont intéressés. De là, certains mots swahilis, pour les anciens réfugiés ont été intégrés dans leur langue : kabisa, sasa, inawuri, hatari, etc.

Toujours au niveau de la langue, le Kirundi a subit une influence de la langue rwandaise. En fait, après l'expulsion des rwandais, quelques rwandais

---

[82]Analyse d'un ancien réfugié.
[83]Petite ville de la région de Bugufi.

se sont cachés et se sont retournés dans le camp de Lukore. Ainsi, ils vivaient avec les Burundais. Des enseignants rwandais enseignaient dans les écoles des camps des réfugiés burundais. Or, nous savons que le Kinyarwanda est plus proche du Kirundi, des confusions des mots en ont eu lieu.

Il faut noter aussi que dans le camp de Lukore, plus précisément à Musuhura, vivaient des Burundais anciens réfugiés au Rwanda. Certains ne connaissaient le Burundi que de nom. Ils étaient nés au Rwanda, et avec la crise rwandaise de 1994, ils ont aussi pris le chemin de l'exil vers la Tanzanie. Cela parce que leur patrie, le Burundi, qu'ils n'avaient jamais connue était en ébullition[84].

Chez les Burundais, on remarque quelques imitations de la culture tanzanienne. Au niveau de la salutation chez les femmes tanzaniennes, on donne la main et en même temps, elles s'inclinent. Quelques Burundaises ont imité cette « bonne manière » de saluer les gens. Aussi, dans le langage parlé, les Burundais répondent à quelqu'un qui les appelle par « Saah ! ou Sabweh ! ». En imitant les Tanzaniennes, on a entendu certaines Burundaises répondre à l'appel par « Beeh ! Ou Abeeh ! Ou naam ! ».

---

[84]Témoignage d'un réfugié anonyme.

7

LES MEMOIRES DES REFUGIES

VII.1. Mémoires des simples paysans

Le camp des réfugiés a constitué une occasion d'apprendre la manière de vivre dans les circonstances heureuses et malheureuses. Dans ce golgotha, on apprend tout pour pouvoir survivre. Un des réfugiés nous dit qu'il s'initie à se débrouiller partout et en tout[85]. Un burundais habitué à cultiver sa terre pour son autosuffisance alimentaire devait chercher une notre source de revenu pour compléter les vivres offertes par le HCR. Selon un réfugié, on a appris à tout manger comme nous l'avons décrit ci-haut. Certains aliments n'étaient pas comestibles pour l'homme tel le haricot appelé « rumarinkwi », la pâte amère appelé « gasaraba ». Ils vont jusqu'à dire que aucun aliment ne peut leur être amer. On les voit manger des fruits des plantes de la brousse comme « amanazi » et « imikome ».

Les anciens refugiés ont été longtemps chagrinés par le fait d'être mis dans une situation de mendicité. Les personnes physiquement valides ont vécu comme des handicapés surtout dans les premiers jours. On devait attendre l'aumône offerte par le HCR. Cette aumône non seulement qu'elle ne permettait pas de s'enrichir mais également la satisfaction des besoins élémentaires. La satisfaction des besoins fondamentaux restait à désirer. Mais « *qui avait tort entre le HCR et les réfugiés ?* » Se demande un des réfugiés. Le tort revient à tous ceux qui ont sourdement « entretenu » et « fertilisé » le virus ethnique au Burundi.

Sans le savoir, les Tanzaniens nous ont amené à apprendre l'amour de la patrie. L'exemple le plus frappant, les réfugiés étaient appelés des « wakimbizi ».

---

[85]M.F., Bujumbura, le 23 juin 2019

Chacun pouvait se demander quand on cessera de l'appeler « umukimbizi[86] ». En dehors du camp, une fois rencontré un adulte ou un enfant tanzanien, il te disait : « 'kaa chini' (Assieds-toi par terre), j'avais une grande nostalgie de mon pays »[87]. On leur rappelait à chaque instant qu'ils n'étaient pas chez eux. Les Tanzaniens allaient jusqu'à dire que les Burundais étaient inférieurs aux arbres. On le sent à travers certains mots qui ont été utilisés tels que : « Au lieu de couper un seul arbre, vaut mieux la mort de 10 réfugiés ». On n'est pas même au stade animal. Les réfugiés ont été mis, à un stade plus inférieur. D'une certaine manière cette considération est très révoltante.

Cette situation de mépris et de déshumanisation a été une source de frustrations. Mais, les réfugiés n'ont pas été passifs face à cette situation. Il fallait faire tout pour regagner leur pays natal. Ainsi, malgré l'interdiction du HCR et du gouvernement tanzanien de toute activité politique des réfugiés, ces derniers ont beaucoup appuyé la rébellion tant du point de vue matériel qu'humain. En fait, les réfugiés suivaient activement les affaires politiques du pays surtout à partir de la radio BBC. Toutes les soirées, les réfugiés se rassemblaient autour des postes de radios pour suivre les informations en Kirundi et en Kinyarwanda de cette radio. En cas d'un pas accompli par la rébellion, ne voyait-on pas des visages clairs ? De là est né une expression disant que : « Impunzi ziririrwa urubugu zikararira BBC[88] » qui trouverait alors son sens. Cela prouve un grand engouement des réfugiés de retourner dans leur pays. C'est ici qu'on peut affirmer sans doute que les réfugiés ont contribué de près ou de loin au rétablissement de la paix au Burundi.

VII.4. Mémoires des enfants nés ou grandis dans les camps

Les enfants réfugiés aux bas âges et ceux nés dans les camps se considèrent comme les enfants du camp. Au moment où ils se trouvaient encore au camp, ils entendaient parler du Burundi comme un pays légendaire. Ils ne connaissaient rien du tout sur le pays. Ils pensaient que chez eux c'est dans le camp où ils sont nés et/ou ont grandi. Mais, ce qu'ils savaient c'est qu'ils étaient différents des Tanzaniens sans distinguer grand-chose sur cette dissemblance. Au moment

---

[86]M.F., Bujumbura, le 23 juin 2019

[87]*Idem*

[88]Cela se traduirait probablement par « les réfugiés passent la journée sur le jeu d'ikibuguzo et la nuit ils consomment la BCC ».

des préparatifs pour le retour au pays, les enfants n'en comprenaient rien. N'était-il pas comme une simple migration ?

La mort de Sadako Ogatha[89] à l'âge de 92 ans en octobre 2019, une représentante de l'UNHCR 1991 à 2000, a réveillé la mémoire des réfugiés. C'est une descendante des parents diplomates de nationalité japonaise, née à Tokyo. Elle aurait été la première à diriger l'UNHCR. Cette période correspond au point culminant des hostilités et belligérance au Burundi et au Rwanda où plusieurs des milliers des réfugiés affluent dans les pays de la région. Sa tâche était lourde car, à la même époque, d'autres guerres ont éclaté dans les pays de Bosnie et Herzegovine, au Kosovo et dans le Golfe Persique. Dans un écrit qu'elle adresse à l'UNHCR, des mots forts y apparaissent[90] :

> « *Mpora ntekereza impunzi zose twahuye mu makambi, mu midugudu, mu mijyi n'ahandi*» qui peut se traduire approximativement par « *Je pense toujours aux réfugiés rencontrés dans les camps, dans les villages, dans les villes, etc.* ». Elle écrit encore : « *Icyakomeje kumpa imbaraga, ni ukwizera ko dufatanije twahagarika agahinda n'ubwoba bwo guhunga, n'ubuhungiro.* » qui se traduirait par « *Ce qui m'a longtemps donné le courage, c'est l'espoir que notre collaboration peut mettre fin à l'angoisse et la peur de fuir et aux camps des réfugiés* ».

Cette universitaire japonaise[91] respectée et diplomate multilatérale compétente a inlassablement plaidée pour la solidarité internationale envers les réfugiés en y incluant la solution des crises par des négociations politiques et les processus de paix. Elle a gardé son attachement auprès des Nations Unies et à la cause des réfugiés mêmes après son mandat en tant que Haut-Commissaire. En effet, elle sera considérée comme pionnière en matière de sécurité humaine et l'utilisation de l'aide au développement. Tout cela c'était pour résoudre le problème de déplacements de populations en tant que responsable de l'Agence japonaise de coopération internationale (JICA).

Ainsi, plusieurs burundais et Rwandais ont connu son nom dans le temps. Son image reste gravée dans leur mémoire. Plusieurs messages, des jeunes

---

[89]UNHCR, Décès de Sadako Ogata, ancienne Haut-Commissaire des Nations Unies pour les réfugiés, consulté sur www.unhcr.org, le 30 novembre 2020 à 16H 31 minutes.

[90]Source anonyme

[91]UNHCR, *Op.Cit.*

surtout, ont circulé à la mort de cette femme. C'est à travers leurs échanges qu'une mémoire apparaît clairement. Comme ces jeunes le racontent, une école de Lukore portait son nom (comme sa patronne) : « Elle a visité le camp de Lukore, depuis ce temps, une des écoles primaires a changé de nom et a été dénommé E.P. Sadako Ogata en la mémoire de cette visite », raconte R. K., un des jeune grandi au Camp des réfugiés.

Un autre jeune ajoute : « *Je l'aurais entendue par ouï-dire. Elle aurait rendu visite une école primaire de ma colline natale Vumasi (commune Giteranyi en province de Muyinga) sans que je ne le sache, ajoute-t-il* ». Ce qui intéresse ici, c'est que les jeunes reconnaissent que cet agent du HCR leur a sauvé la vie : « *Yadukuye habi uwo mukecuru* », disent-ils.

CONCLUSION GENERALE

Le présent travail avait pour objectif d'étudier la vie des réfugiés Burundais dans les camps de Kitali et de Lukore-Rumasi. La délimitation temporelle se cadre entre 1993 et 2008. Nous décrivons le vécu des réfugiés burundais dans ces deux camps de la Tanzanie en partant de la situation qui prévalait au Burundi jusqu'au moment de leur retour.

Dans le premier chapitre, il a été question d'étudier les conditions dans lesquelles les Burundais ont quitté le pays. Les réfugiés ont fait une longue marche fatigante comme on peut le lire dans cette partie. Sous les coups de feu, les futurs réfugiés ont passé des jours dans les buissons et dans les marais sans craintes des animaux pouvant les dévorer. S'exposer aux coups de feu était synonyme de se suicider. Mais les nuits de brousse et de marais n'en étaient pas à cause des maladies avec un organisme de plus en plus amorti par les mauvaises conditions de vie.

Dans le second chapitre, nous sommes revenus sur l'installation des réfugiés. Partout toujours la mort ! Les conditions d'hygiène vont se présenter comme un autre enfer pour les réfugiés. Les maladies des mains salles ont fait ravage dans les camps. Des brancards étaient quotidiennement chargés. Les aliments inhabituels et la carence d'eau potable ont été des facteurs plus déterminants.

Le troisième chapitre s'est intéressé sur la difficile adaptation des réfugiés dans les camps. Il leur fallait s'accoutumer et se contenter de ce qu'on avait car tout n'y était pas. Les aliments des Humanitaires s'étant montrés quantitativement insuffisants et qualitativement mauvais, ils avaient besoin d'un complément de nourriture. De plus, le HCR a essayé d'améliorer les conditions de vie, les effectifs morts se sont réduits petit à petit. Mais une question restait toujours épineuse : le bois de chauffage. Avec une rigueur sans merci vis-à-vis de l'environnement, les ONG ont appris aux réfugiés une gestion plus prudente du bois de chauffage.

On ne peut pas parler de la vie des réfugiés sans revenir sur le domaine socio-culturelle. Ici, le quatrième chapitre a beaucoup insisté sur la naissance d'une école primaire et secondaire mais qui avait d'énormes difficultés. Cette école a été sauvée par des bienfaiteurs et des Burundais qui se sont sacrifiés pour l'avenir des enfants burundais qui grandissaient aux camps des réfugiés. Le chapitre revient aussi sur l'omniprésence de Dieu qui se manifestait par une tornade naissance des églises. Les multiples difficultés n'ont pas empêché qu'il ait des manifestations culturelles semblables de celles du Burundi d'avant la crise. Une plus-value aussi n'a pas manqué : le rapprochement des spécificités régionales dans les danses.

Le cinquième chapitre nous met dans le bain d'un réfugié qui commence à se fatiguer de la vie du camp de réfugié. Malgré la psychose de peur de ce qu'ils avaient vie dans la crise, les réfugiés avaient une volonté de regagner le pays natal. Un grand obstacle c'était celui d'être assimilé au rebelle. Mais, petit à petit, les choses se sont normalisées surtout avec la signature du Cessez-le-feu par le CNDD-FDD.

La vie dans les camps des réfugiés n'est pas passée dans une indifférente totale. Le sixième chapitre revient sur l'impact socio-économique. En effet, il eut plusieurs innovations surtout au niveau alimentaire. A côté de ces innovations il faut noter les échanges de savoir-faire et de savoir-être entre les Burundais eux-mêmes d'abord et entre les Burundais, les Rwandais et les Tanzaniens ensuite. Avec un rapprochement des gens provenant de plusieurs provinces, le Burundi finira par être vu comme un village car beaucoup ont eu des connaissances dans plus d'une province.

Enfin, le dernier chapitre survole les mémoires et souvenirs des réfugiés. Tout réfugié a à dire sur le calvaire des camps des réfugiés. Ils ont conservé des souvenirs pouvant favoriser le « ne plus jamais sans ». Ils ont gardé aussi des images emblématiques comme cette femme agente du HCR dont la mort a fait couler l'encre sur les réseaux sociaux.

Au terme de ce travail, signalons que ce dernier nous ouvre à de nouvelles perspectives. Les moyens que nous avons utilisés ne nous ont pas permis de défricher tous les points qui pourraient être développé sur ce sujet. Nous supplions à quiconque le veut de bien vouloir nous compléter. Une étude donc sur le vécu psycho-sociale des réfugiés serait plus intéressante.

BIBLIOGRAPHIE

Adrian Edwards, *Point de vue du HCR : « Réfugié » ou « migrant »-Quel est le mot juste ?* sur https://www.unhcr.org/fr/news/stories/2016/7/55e45d87c/point-vue-hcr-refugie-migrant-mot-juste.html consulté le 28 juin 2019 à 17h 11minutes

GUICHAOUA, A. (dir.), *Exilés, réfugiés, déplacés en Afrique centrale et orientale*, Karthala, Paris, 1999

GUICHAOUA, A., (dir.), *Les crises politiques au Burundi et au Rwanda (1993-1994) : Analyses, faits et documents*, Karthala, Paris, 1995

ICG, Réfugiés et Déplacés Burundais : Construire d'urgence un Consensus sur le Rapatriement et la Réinstallation, Briefing Afrique, 2 décembre 2003, P. 4

KIZITO, D., *Les mouvements migratoires et leurs incidences sur l'évolution socio-économique de la commune Giteranyi : de 1982à 2006*, mémoire, UB, Bujumbura, 2008

NDAYISENGA Apollinaire, *La crise de 1972 en province de Muyinga*, mémoire de licence, U.B., Bujumbura, 2016

NTIBANTUNGANYA S., *Burundi : Démocratie piégée*, Iwacu Europe, 2018

Observatoire de l'Action Gouvernementale (OAG), Evaluation de la politique sectorielle de rapatriement, de réinsertion et de réhabilitation des sinistrés au Burundi, Bujumbura, mai 2005

PASCAL, C., « Pour une typologie des conflits africains » dans Danielle D-C. et Antoine C., *Des conflits en mutation ? De la guerre froide aux nouveaux conflits*, Editions Complexes, Bruxelles, 2003

UNHCR, *Rapatriement volontaire dans la région des Grands Lacs et en Afrique centrale*, mars 2004

Véronique Lassailly-Jacob, *Réflexions autour des migrations forcées en Afrique sub-saharienne* in Céline Yolande Koffie-Bikpo (dir.), « Perspectives de la géographie en Afrique sub-saharienne », Universitaires Européenne, Abidjan/Côte d'Ivoire, 2012, disponible sur https://halshs.archives-ouvertes.fr/halshs-00686897/file/LASSAILLY-JACOB_2009_reflexions_autour_des_migrations_forcees consulté le 18/08/2018 à 17h20

Weinstein, W., *Historical Dictionnary of Burundi*, Metuchen, NJ : Scarecrow Press, 1976

BIOGRAPHIE

NDAYISENGA Apollinaire est un Burundais, né en 1988 à Mika en Commune Giteranyi de la Province de Muyinga. En 1995, alors qu'il approchait l'âge d'entrée à l'école, il fut contraint à l'exil pour vivre dans le Camp de réfugiés de Kitali en 1995-1996, puis celui de Lukore en 1996-1997. Dans ces Camps, il fait deux trimestres de la première année primaire et interrompt ses études pour rentrer au pays en 1997. Il recommence l'école primaire cette année même à l'Ecole Primaire Ndava en commune Giteranyi. En 2003, il entame ses études secondaires au Lycée Communal Giteranyi où il fait le Tronc Commun. En 2007, il entre au Petit Séminaire Saint Pie X de Muyinga dans la section des Lettres Modernes. En 2011, il poursuit ses études supérieures à l'Université du Burundi au Département d'Histoire d'où il sort avec un diplôme de Licence en Histoire. Après avoir défendu son travail de Mémoire de fin d'études sur la crise de 1972 au Burundi, il fut embauché à la CVR en tant qu'Agent de la Recherche documentaire sur le passé douloureux burundais. Depuis, il commence à s'intéresser sur l'Histoire du conflit Burundais. A partir de 2019, Ndayisenga Apollinaire est un enseignant à l'Ecole Fondamentale Kinama II en Mairie de Bujumbura. Depuis décembre 2020, l'auteur poursuit ses études à l'Université du Burundi dans la Faculté de Droit en Master Complémentaire et Résolution Pacifique des Conflits.

Photo de frontispice

La Haut-Commissaire des Nations Unies pour les réfugiés Sadako Ogata, en visite auprès de réfugiés rwandais dans la région de Bukavu au Sud-Kivu, République Démocratique du Congo. Février 1995.